知难而进

全面深化改革下的地方财政

席鹏辉 著

商务印书馆

图书在版编目（CIP）数据

知难而进：全面深化改革下的地方财政 / 席鹏辉著.
北京：商务印书馆，2025. -- ISBN 978-7-100-25168-6

Ⅰ. F812.7

中国国家版本馆 CIP 数据核字第 2025JL4695 号

权利保留，侵权必究。

知难而进
全面深化改革下的地方财政
席鹏辉　著

商 务 印 书 馆 出 版
（北京王府井大街36号　邮政编码100710）
商 务 印 书 馆 发 行
北京市十月印刷有限公司印刷
ISBN 978-7-100-25168-6

2025年5月第1版	开本 880×1230	1/32
2025年5月北京第1次印刷	印张 7 3/4	

定价：60.00元

目　录

绪　论 1

第一章　财政紧平衡与地方产业发展 21
一、引言 21
二、经济背景与文献回顾 25
三、实证策略与数据说明 39
四、实证结果及稳健性检验 47
五、备择竞争假说、路径与产能调控政策 68
六、结论及启示 84

第二章　财政紧平衡与地方支出结构 87
一、引言 87
二、基本背景与文献回顾 90
三、实证策略与数据说明 98
四、实证结果及稳健性检验 101
五、实现路径的检验 115
六、进一步的讨论：冲击时与冲击后的效应 126

七、结论及启示 135

第三章　财政紧平衡与财政收入结构 139
　　一、引言 139
　　二、文献回顾与假说提出 143
　　三、实证策略与数据说明 151
　　四、实证结果及稳健性检验 159
　　五、进一步的分析：异质性与假说 170
　　六、结论及启示 184

第四章　财政紧平衡与收入时间结构* 188
　　一、引言 188
　　二、文献回顾与假说提出 191
　　三、实证策略与数据说明 200
　　四、实证结果及稳健性检验 205
　　五、异质性分析 214
　　六、路径检验 218
　　七、结论及启示 225

结　　语 228
主要参考文献 232

绪　论

　　1994年分税制财政体制改革规范了中央和地方财政关系，有效地改善了中央和地方的财政利益分配关系。分税制改革后，中央财政收入占比迅速提高，地方财政收入占比快速下降。尽管这一状况随着经济快速增长和产业结构优化升级而有所改变，但2002年的所得税改革、2016年的"营改增"全面铺开等财政体制改革进一步提高了中央在主体税种的收益划分比例，使得中央财政收入比重在长时期保持了相对稳定。

　　这一分配格局也奠定了地方政府间的财政关系。尽管中央财政通过转移支付将绝大部分财力转移给了地方，但地方财力始终处于紧平衡状态。一方面，相当部分转移支付是以配套转移支付等形式下发地方，地方财政资源可能进一步被挤占；另一方面，地方政府尤其是基层财政承担了大量的下移支出责任。整体上，财力与支出责任的不匹配成为中国财政体制的最显性特征。这一特征也决定了中国相当部分地区的财政状况始终处于紧平衡模式。党的二十届三中全会指出，要"建立权责清晰、财力协调、区域均衡的中央和地方财政关系"，这一改革思路和目标体现的也正是当前中国财政体制的主要不足及其影响。

中国财政紧平衡的形成远不止源于财政体制问题。一个事实是，在经济快速增长的长时期内，中国财政紧平衡或者财政紧平衡压力问题较少被提及或关注。这从中国财政学界的研究趋势可见一斑。图0-1是1990年—2024年8月以"财政压力"为主题词的文献发表情况。不难发现，尽管关于财政紧平衡压力的文献在2000年之后已陆续出现，但对相关话题的集中讨论却是在2018年及之后年份才发生。这反映了学界对财政紧平衡压力的关注度变化情况，也大体对应了中国地方财政基本形势的变化。

实际上，中央转移支付的规模不断扩大。2023年中央转移支付规模已经突破10万亿元，一般性转移支付规模及占比不断提高。转移支付管理也逐步规范化，为了减少中间层级政府对转移支付的"卡要"，中国建立了转移支付直达机制并不断完善。但这一形势下，中国财政紧平衡模式仍然持续存在，且财政收支矛盾依旧较为突出。如何认识中国的财政紧平衡，是一个重要且极具现实意义的问题。

本书正是在这一背景下形成。其旨在揭示中国财政紧平衡压力的形成原因，并探讨了地方政府应对财政紧平衡压力时"知难而进"的主要行为及反应，这有助于为当前中国全面深化改革的财税路径提供进一步的理论支撑。从现实看，地方财政紧平衡压力的形成主要源于以下几个因素。

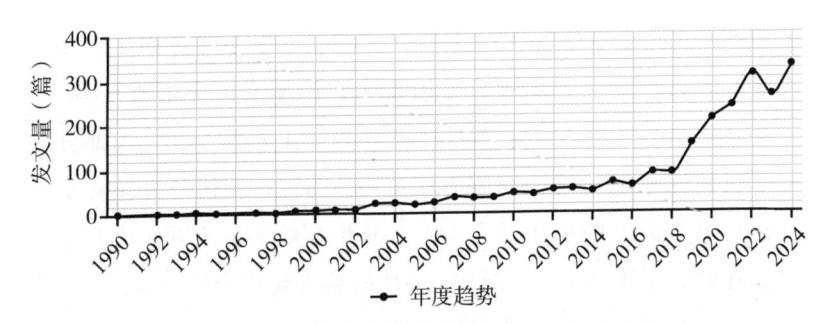

图 0-1　1990 年—2024 年 8 月"财政压力"主题文献的发表情况
数据来源：中国知网；https://www.cnki.net/；查询时间：2024 年 8 月。

第一，政府间划分财力的变化。财力在各级政府间的分配关系直接决定了各级政府的可用财力。当中央政府分享的财力更多时，地方可用财力自然减少；当省级政府分享的财力更多时，地市级可用财力自然进一步压缩。整体上，上级政府往往需要保留一定的财力以确保宏观调控能力。这一分配格局下，留给县区级等基层政府的财力更少。纵观目前的研究情况，中国有相当多的经典研究文献从政府间财力分配关系转变的视角讨论了财政紧平衡压力的影响。这不仅包括农业税取消、增值税分成改革、企业所得税分成改革，还包括营业税改征增值税等，这些改革均直接改变了中央与地方或者地方各级政府间的财力分配关系。

需要注意的是，财力分配关系的转变直接涉及各级政府切身利益，为了顺利地推动财政改革，在政府间财力分配关系改变时，上级政府往往为下级政府配以适当的转移支付支持。这意味着下级政府的可用财力在改革后并不必然受损，甚至在大部分情况下，本级地方财力并不直接受损。大部分既有研究可能对这一问题有所忽视。当然，即使考虑转移支付后下级政府的可用财力不变，也并不意味着地方政府并不存在财政紧平衡压力。例如，一些转移支付稳定性较弱，地方政府无法从相应的产业发展中获得对应的财政收益，财力分配变革后财力增速难以与经济增速相匹配等，这些均可能是财政紧平衡压力的形成原因。

无论如何，已有相当多的研究聚焦于政府间财力分配的变化及其影响。这也催生了中国的财政关系改革。新形势下，为了解决地方财政的紧平衡问题，中国开始考虑提高地方可用财力，并给予地方一定的税收权限。如党的二十届三中全会提出，要"增加地方自主财力，拓展地方税源，适当扩大地方税收管理权限""增加一般性转移支付，提升市县财力同事权相匹配程度""推进消费税征收环节后移并稳步下划地方，完善增值税留抵退税政策和抵扣链条，优化共享税分享比例""把城市维护建设税、教育费附加、地方教育附加合并为地方附加税，授权地方在一定幅度内确定具体适用税率"，等等，这些改革思路和措施均是围绕着完善中国财政体制改革而展开，旨在改善中国财政体制中长期存在的政府财力与支出责任不匹配问题，提高地方自主财力。

第二，支出责任的扩大。在财力不变的情况下，支出责任的扩大也直接加剧了收支矛盾。支出责任的扩大同样是地方财政紧平衡压力的重要来源，其在不同情形下有不同的体现。

一是一些支出责任的逐步下沉。随着中国经济迅速发展，市场主体之间的关系愈加复杂，这对财政支出责任的扩张提出了要求。以社会保障为例，在经济发展早期，社会保障支出可能不被或者仅很小部分被列作财政支出，但随着经济发展水平的提高，市场主体之间的关系和界限变得清晰，以往由家族内部自发承担的社会保障职能被政府接替，政府支出责任随之扩大。又比如，当积极财政政策需要扩大基建项目时，由于基建项目对地方经济增长具有一定的促进作用，因此中央政府在设立地方基建项目时往往要求当地政府提供一定的配套经费，地方政府对此也积极响应。然而，这对于本身财力有限的地方政府而言无疑是巨大的支出。当上级政府利用行政层级的优势将相应政府支出责任下沉至基层政府时，基层财政的压力明显加大。这一特征也被认为是中国财政体制中财力与支出责任不匹配的重要形成原因。

二是一些法定支出的刚性增长。在财力有限的情况下，各级政府势必将资金用于"刀刃"上。在以经济发展为第一要务的背景下，地方政府往往将资金用于建设性支出，这类支出也被称为生产性支出，即财政支出表现出生产性倾向。生产性支出倾向不仅使得一些地方政府的民生性公共服务提供明显不足，更导致基本服务水平与地方财力高度相关，带来基本公共服务均等化难以推动等问题。法定支出正是在这一背景下形成，其通过法律或其他形式明确了政府支出的增长规模或者增长目标，确保某些支出能够保持相当的规模。

这些支出包括科技支出、教育支出和农林水务支出等类型。《中华人民共和国科学技术进步法》第86条规定，"国家财政用于科学技术经费的增长幅度，应当高于国家财政经常性收入的增长幅度。全社会科学技术研究开发经费应当占国内生产总值适当的比例，并逐步提高"；《中华人民共和国农业法》第六章第38条规定，"国家逐步提高农业投入的总体水平。中央和县级以上地方财政每年对农业总投入的增长幅度应当高于其财政经常性收入的增长幅度"。不难看出，法定支出主要涉及国家重大战略或基本民生服务，有效地保障了中国财政在相关领域的投入。但另一方面，这些法定支出也直接"肢解"了地方的有限财力，地方收支矛盾由此形成。

三是一些财政支出的相机增长。当前外部环境变化带来的不利影响加深，与此同时，中国经济运行仍面临国内需求不足的主要困难和挑战。这一形势下，财政支出需要相机增长，这主要体现在政府投资等方面的支出，带来了地方支出规模的扩大。不可否认的是，绝大多数政府投资支出采用的是专项债等形式，但也必然形成相应的债务付息支出，后者也会形成一定的压力。2023年，全国地方政府专项债券付息额达到7360亿元，占政府性基金支出比重达到7.3%；2015年，这一规模仅为3678亿元，占比为3.1%。

国际竞争的大环境下，一些战略性支出也得到增长，最为典型的是科技支出。中国大力支持科技创新事业发展，持续加大对基础研究、应用基础研究等方面的投入力度。2023年，全国科学技术支出达到10885.8亿元，同比增长8.5%，远超过3.0%的预期值。

四是一些民生支出的刚性增长。随着中国人民生活水平的提高以及人口老龄化的加速，社会保障、医疗卫生等基本公共服务需求将进一步增加。鉴于这是刚性支出，各级财政的支出结构将出现较大变化。2007年全国卫生健康支出占一般公共预算支出比重为4.0%，2023年达到了8.2%，增加了4.2个百分点；2007年全国社会保障和就业支出占一般公共预算支出比重为10.9%，2023年达到了14.5%，增加了3.6个百分点。人口老龄化对健康支出的增长已经提出了更高的要求，这在支出结构中得到了直接反映。

2020—2030年，中国人口老龄化进程加快，健康财政支出势必保持进一步的增长趋势。2023年，中国60岁以上人口规模是2.97亿人；2030年，这一规模预计达到4亿人。从世界各国发展趋势看，老龄化势必带来社保、健康等支出的增加，这将较大程度改变中国财政支出的结构，也对各地财政运行提出了直接挑战。如何应对老龄化带来的支出刚性增长，亟须各级政府更多思考。

第三，一些财源的减少。财源即财政收入的来源，其减少必然带来财政短收。从财源的形成看，其减少主要出自以下三方面的原因。

一是经济波动。经济波动是宏观经济运行的正常现象。经济下行压力较大时，社会有效需求不足，一些行业的发展必然承压，相关企业经济运营活动紧缩，税源受损。以房地产行业为例，2022年房地产业税收贡献17158.13亿元，占全部税收收入的9.49%；而2015年房地产业税收贡献16475.19亿元，占全部税收收入的比例高达12.11%。[①] 显而易见，随着房地产业增速放缓，其税收收入贡献出现了明显下滑。

二是经济转型升级。经济转型升级意味着一些传统行业的路径依赖遭到打破，被迫在短期内调整自身的生产结构或者生产关系。长期看，经济转型升级有助于增强产业竞争力，能够带来财源的稳定持续和强劲增长。不过，经济转型往往存在阵痛期，在此过程中，难以跟上潮流的企业不可避免受到影响甚至被淘汰，这会造成财源的短期流失。

三是一次性财源的损失。一次性财源指的是为各级财政提供一次性收入的财政源泉，其能够直接提高各级财政收入规模，是保障各级政府支出活动的重要资金来源。相较于能够形成可持续性财政收入的工商企业，一次性财源主要包括盘活资产、资源型产业、非税收入以及基础设施等政府投资。近年来，为应对基层财政紧平衡，中国积极盘活闲置资产以补充地方财力，这是典型的一次性财源。

另一较为典型的一次性财源是政府投资。对地方政府而

---

① 数据来源：《中国税务年鉴2023》《中国税务年鉴2016》。

言，高速公路、铁路以及园区建设等投资规模巨大的项目能形成大量固定资产，直接拉高地方 GDP 规模和财政收入水平，是最为典型的也是规模较大的地方财政一次性财源。以高铁为例，在京沪高铁施工修建的 2008—2010 年，河北省沧州市吴桥县 GDP 年均增长率达 14.4%，财政收入年均增长率高达 43%；在沪昆高铁施工的 2010—2013 年，湖北省孝感市大悟县 GDP 年均增长率超过 16%，财政收入年均增长率高达 31%。①

随着闲置资产的盘活完毕以及政府投资的结束，这些一次性财源自然消失，税收收入也随之下降甚至消失。可以说，一次性财源的损失也容易引起地方短收。

总体而言，地方财政紧平衡压力的形成原因多种多样。对于中国这样一个大国而言，不同地区不同层级政府的紧平衡原因也有不同。正是这些不同的原因交织错杂在一起，使得财政紧平衡问题的解决不可能一蹴而就，也不可能仅依靠中央政府的简单放权或者下放财力即可完成。如何应对各方面因素引起的财政紧平衡，似乎成为地方政府尤其是基层财政在当前时期的一个重要命题。地方政府如何"知难而进"，不仅事关中国高水平社会主义市场经济体制的建立，更直接影响中国国家治理体系和治理能力现代化的进程。

目前来看，地方政府解决财政收支矛盾问题，仍需要通过收支活动的优化来应对；财政压力的解决，无非是通过"增

---

① 数据来源：CEIC 数据库。

收节支"。这一逻辑本身是顺畅的,然而,在财税现实中,"增收节支"面临不小的约束和挑战。尤其是"节支",其不仅存在技术问题,更存在利益结构的调整问题。这不仅需要改革的勇气,更需要改革的智慧。整体上,"增收节支"主要体现为以下几个方面。

第一,扩充财源。扩充财源是解决财政紧平衡的根本路径。无论是财力分配关系的转变、支出责任扩大还是税源减少等任何原因形成的财政紧平衡压力,通过扩充财源做强税基均是最有效也是最可靠的路径。在税基扩大的情况下,财政收入才能够实现可持续增长。尽管这一方式最为直接和根本,但在多数情况下需要招商引资,这往往存在很大的难度,并引致了"逐底"式招商引资等问题。大量文献发现,地方政府可能通过低价出让工业用地,降低环境规制标准,提供大量财政补贴,实施隐性税收优惠以及给予信贷支持等短视措施进行招商引资。相较优化营商环境,这种招商引资的模式更为快速、高效且直接,也更为企业所接受,因为这相当于地方政府将用地、环境、财政或信贷等方面的直接利益让渡给了企业,使后者的投资成本得到了控制。然而,这种招商引资的模式带来了财政资源的流失,增收并不水到渠成,且不利于市场主体之间公平竞争,破坏了全国统一大市场建设。更为重要的是,这些招商引资方式与政府职能定位明显相悖,破坏了正常的政府与市场关系,与当前"建立高水平社会主义市场经济体制改革"的目标相悖。

正是在这一背景下,《公平竞争审查条例》于2024年8月开始施行。随着招商引资活动的规范化,一些损害财政利益的招商引资行为被禁止。招商引资模式的着眼点开始从传统的短期财政利益向长期的营商环境优化转变。与传统的直接利益让渡模式相比,营商环境的优化需要久久为功,当然,这更体现了政府职能的一种回归,也是"更好发挥政府作用"的一个显性体现。因此,这一时期地方政府面临的招商引资压力,一定程度也可以认为是一种转型期的"阵痛"。

尽管扩充财源能够从根本上解决财政紧平衡问题,但地方政府对扩充财源的态度也受到各类因素的影响。除了招商引资的可行性外,另一种广被提及的因素是地方发展积极性,也即地方政府发展本地经济的意愿。影响这一意愿的一个关键性因素是财政激励。财政激励主要与财政体制有关,也即财权划分中给予地方财政的份额。传统观点认为,必须将足够多的财权划分给地方后,其发展本地经济的积极性才会更强。这一观点存在大量的文献支持,也被认为是支持财政分权的新证据。

随着中国所得税、营业税等主体税种的收益逐渐上移至中央,财政分权显然难以准确揭示中国的财政体制改革脉络。这一情况下,地方经济发展和财政收入仍保持快速增长,促使研究者反思传统的实证策略和主要逻辑,提出了压力式财政激励问题。在此视角下,研究者认为地方面临的财政紧平衡压力越大,发展经济的动力越强。本书无意去甄别各种观点的正确性,但从招商引资有助于解决财政紧平衡压力的事实逻辑看,本书发现的一些情况确实是压力式财政激励的重要支持证据。

在扩充财源的过程中,地方政府的一些招商引资方式会对本地产业发展规模及结构等方方面面形成影响。一个最为直接的逻辑是,地方政府发展的产业要被本地区"承接"并发展,才能够形成稳定可持续的财源。这里的"承接"除了产业发展对本地区土地、基本公共服务等一些硬件的要求外,还包括人力资本等软实力方面的要求。一方面,地方政府需要提供工业用地、道路交通甚至产业园等产业发展所需要的基本条件;另一方面,当地的人力资本水平要能够承接住引资过来的产业的发展。整体上,中国的人力资本水平仍然不高,具体到地市县,这一水平可能更低。这一状况决定了招商引资的相关产业整体上不能具备过高的技术门槛,因此也可能导致一些产业的产能相对过剩。

第二,强化征管。招商引资是一个漫长的过程,从政府引资到企业落地再到企业运营生产形成税收收入往往具有较长的周期。因此,在应对财政紧平衡压力时,扩大财源的方式虽然可持续性强,但见效慢。这个过程中,地方政府往往会选择强化收入征管,以便在短期内解决当前的收入任务。

强化收入征管能够获得财政收入,这与中国的税收征管空间有关。长期以来,中国企业税率存在实际税率与法定税率背离的问题,即企业实际税率往往低于名义税率,这为税收征管空间提供了条件。在财政紧平衡压力下,税务部门可以通过加大企业税务稽查力度等方式提高企业实际税率,以获取更多的税收收入。

通过强化收入征管实现税收任务的方式经常见于税务部门的相关新闻通报,被认为是税务部门实现收入任务的一项重要甚至主要努力和业绩。但实际上,财政短收更容易发生在经济下行时期,这个时候企业更需要税费负担的下降,这被称为企业税负"逆周期",也是积极财政政策中逆周期调控的重要目标。然而,在税收强征管的背景下,经济下行时期企业税负反而进一步提升,即形成了企业税负"顺周期"。因此,盲目强化税收征管,除了直接影响企业税费负担外,也可能阻挡了积极财政政策的落地,妨碍了经济提质增效。平衡好收入任务完成和积极财政政策落地生效,不仅需要地方政府的努力,更需要自上而下的预算制度设计和转移支付支持。

当然,并非所有企业均能够获得"被强化"的资格。在有限的资源条件下,"抓大放小"是强化税收征管的一个普遍做法。"抓大放小"主要指的是强化重点税源征管,这不仅体现在企业层面,也体现在行业层面。一些重点税源企业或者重点税源行业更容易被强化征管,因为这能够在尽量获取足够财政收入的同时,最大可能地减少对其他中小企业的伤害。但这同样可能衍生出其他问题,如重点税源是本地的纳税主力军,在经济下行时期反而背上了更沉重的税费负担,可能导致其"伤筋动骨",甚至有竭泽而渔之患。因此,地方政府需要适当弥补，这可能进一步将政府与市场关系复杂化。

大量研究证实了在应对财政紧平衡压力时，税务部门通过强化增值税、企业所得税等主体税种的税收征管强度，以获得更多财政收入的做法。不过，税收征管的时间特征却鲜被关注。税收征管的时间特征形成于税收任务的时间特征。在收支平衡压力下，税收任务具有刚性，各级政府在年末时必须完成税收任务。这一逻辑下，如果税收征管强度确实存在，那么应当会出现收入的年末效应。

通过强化收入征管方式调节收入形成于税收征管空间，也将消失于税收征管空间。一个正常的逻辑是，随着企业实际税率与法定税率的一致，税收征管空间将被压缩，此时税务部门不再能够调节实际税率。这种情况下，所有企业均按照税法正常纳税。这显然是一种理想情况，其中企业的税收遵从问题得到根本解决，但这需要企业具有极高水平的税收遵从意愿。不过，随着当前中国税收征管信息化能力的建设和纳税服务水平的提升，税收征管空间也正被逐步挤压，企业税收规避的风险加大，难度增强，税收遵从意愿得到了明显提升。

当然，税收征管空间的压缩也并不意味着企业税负的顺周期问题能够得到根本解决。在无法调节收入征管模式的情况下，税务部门还可以通过过头税、税收空转等种种办法获取财政收入，而这些均可能带来企业税费负担的顺周期问题。

第三，非税收入。在扩充财源和强化征管之间，存在一个交叉地带，这就是非税收入。非税收入的增加，既可能是扩充财源的一个表现，也可以认为是强化征管的一种结果。一般公共预算中，非税收入包括专项收入、行政事业性收费收入、罚没收入、国有资本经营收入以及国有资源有偿使用收入等。在短期内，一些专项收入、行政事业性收费、国有资本经营收入、国有资源有偿使用收入的提高，更多地体现了财源扩充特征；而一些罚没收入的提高则更多体现了强化征管特征。

广义上的非税收入还包括政府性基金预算、国有资本经营预算以及社保基金预算的各类收入来源。其中最为典型的是土地出让金收入和国有资本经营收入。大量研究关注了土地出让金对地方财政的补充作用。2020年，中国土地出让金收入达到了84142亿元，占政府性基金预算收入比重达到了90.00%，规模甚至已经超过了中国第一大税种增值税收入的56791亿元。① 近年来，随着房地产市场的波动下行，土地出让金收入规模逐步下降。2024年，中国土地出让金收入为48699亿元，占政府性基金预算收入比重降至78.43%。尽管如此，土地出让金收入规模仍然与企业所得税收入规模相当。②

国有资本经营收入也是一类较为典型的非税收入。这类

---

① 数据来源：财政部网站，https://www.gov.cn/xinwen/2021-01/28/content_5583244.htm。

② 数据来源：财政部国库司，http://gks.mof.gov.cn/tongjishuju/202501/t20250124_3955083.htm。

收入除体现在一般公共预算中,还体现在国有资本经营预算。国有资本经营收入包括国有企业利润上缴以及国有企业分红等。这些收入与其他非税收入存在一个本质的区别,即它们体现的是政府作为资本所有者身份获得的收入,体现了一种所有者权利;而其他非税收入更多的是政府作为行政管理者身份获得的收入,体现了一种管理者权力。

随着非税收入的增加,财政收入结构将出现明显变化。财政收入中税收收入占比将出现下降,非税收入占比出现明显上升。一个例子是,2015年,中国税收收入占四本预算收入之和的比重为51.66%[1];2023年,这一比重降至44.64%[2]。收入结构的变化对中国经济发展和预算约束监管职能的影响如何,有待进一步深入思考。

非税收入的增加也可能给企业带来不利的影响,其作用方式与税收征管相似。逆周期调控的积极财政政策需要企业负担在经济下行时期出现下降。这一负担不仅包括税收负担,也包括费用负担。大规模减税降费政策给企业带来了税收负担的下降,但不能"关前门"的同时,给地方政府"大开非税后门"。非税收入更具有直接税特征,难以转嫁给下游企业,

---

[1] 数据来源:《关于2015年中央和地方预算执行情况与2016年中央和地方预算草案的报告》;财政部网站,https://www.gov.cn/xinwen/2016-01/29/content_5037282.htm。

[2] 数据来源:《关于2023年中央和地方预算执行情况与2024年中央和地方预算草案的报告》。

对企业的影响可能更甚于税收收入。要实现积极财政政策的提质增效，就必须做到企业税、费负担统一看待。

2024年，中国一般公共预算收入同比增长1.3%，其中税收收入同比下降3.4%，非税收入同比增长25.4%。[①]非税收入在补充地方财力方面发挥着突出作用，是地方财政应对财政紧平衡压力的重要工具。

第四，调整支出结构。 收支紧平衡压力的解决不仅需要"增收"，也需要"节支"。当地方政府通过增收难以应对紧平衡压力，或是增收难度过大时，就需要借助支出结构的改变。这指的是财政资金使用方向的改变，即将原本用于某类公共服务或者某个项目的资金规模压缩甚至取消。

理论上，支出规模和结构的改变是一项常态化工作。随着市场经济的发展，政府活动领域的范畴和深度自然变化，这必然引起支出规模或者结构的变化。然而，由于地方政府在经济和社会发展中往往存在多个约束目标，因此其支出结构长期以来呈现"生产性"偏向，即向能够直接带来经济增长的支出类型倾斜。在应对收支紧平衡压力时，这一倾斜可能被固化，导致一些民生性支出进一步被压缩，进而带来一些公共服务的提供不足。这显然难以适应市场经济对政府活动的要求。

---

① 数据来源：财政部国库司，http://gks.mof.gov.cn/tongjishuju/202501/t20250124_3955083.htm。

然而，这种调整不一定是一件坏事，紧平衡压力也可能倒逼财政支出规模和结构的优化。在长期的财税发展实践中，一些部门的支出规模往往只能增不能减，呈现出刚性增长的特征，财政支出结构出现了固化。财政支出规模的调整通常意味着利益格局的调整，这使得支出固化问题的解决存在极大的困难。财政紧平衡压力为打破支出结构固化提供了一个契机。在此压力下，政府特别是财政部门需要加大预算收支统筹能力，将所有收支通盘考虑。这为解决刚性支出提供了制度基础，也是近年来不少地区开始财政整顿的主要原因。

不仅如此，零基预算改革也逐步开始推进并深化。这体现了中国正在努力将这种被动的支出结构调整转化为主动的支出结构优化。党的二十届三中全会提出，深化零基预算改革。零基预算指的是对所有的财政收支，完全不考虑以前的基数水平，重新以零为起点，按照当年政策要求、财力状况和经济社会发展的需要来编制的预算形式。零基预算改革有助于解决支出固化问题，有效提高财政收支效率。这不仅有助于应对和解决财政紧平衡压力，更是推动"传统财政"走向"现代财政"的重要环节。财政紧平衡为零基预算改革和打破支出固化提供了良好的机会，但这并不意味着改革必然顺利。财政资金涉及各方切身利益，优化既得利益结构需要莫大的改革勇气和智慧。

基于以上判断，本书尝试从不同角度揭示地方财政紧平衡压力的形成原因，并从产业发展、财政收支结构等角度刻画地方政府应对财政紧平衡压力时在财源建设以及收支调整等方面的主要表现。这一工作的主要意义包括以下几个方面。

一是充分挖掘了中国地方财政紧平衡压力的主要成因，着力探讨了收支平衡的地方财政形成路径。增加地方自主财力，形成财力协调和区域均衡的中央地方财政关系，是当前中国财政改革的重要内容。只有充分认识地方财政紧平衡压力的成因，才能够真正解决这一顽疾。本书选择了形成财政紧平衡压力的不同角度进行讨论，这能够为充分认识和化解财政紧平衡压力提供较好的参考。

二是全面系统地揭示了财政紧平衡模式下的地方财政应对行为及影响。财政紧平衡压力下，地方政府及各级部门"知难而进"，采取了多样化应对行为。这些应对行为不仅直接对财政收支规模和结构产生了影响，还可能改变微观市场主体经营活动和宏观产业结构的变迁方向。本书探讨了地方多样化的应对行为及其影响，为更好发挥政府作用，构建高水平社会主义市场经济体制提供了更多的思考。

三是为当前中国建立和完善现代财政制度提供了启示。党的二十届三中全会指出，进一步全面深化改革的总目标是继续完善和发展中国特色社会主义制度，推进国家治理体系和治理能力现代化。财政是国家治理的基础和重要支柱。因此，国家治理体系和治理能力现代化需要财政制度的现代化，建立和完善现代财政制度自然成为全面深化改革的基本目标和根本保障。财政紧平衡不仅直接挑战了各级政府经济社会治理的基础，更可能制约现代财政制度的建立。整体上，本书对紧平衡问题的系统性探讨有助于为建立和完善现代财政制度提供预算制度、税收征管、财政体制等视角的启示。

第一章 财政紧平衡与地方产业发展*

一、引言

产能过剩严重影响社会资源配置效率,下调的产品价格降低了企业收益,而大量产品库存既使企业背上了额外成本负担,又造成了过多的资源闲置。中国政府一直致力于化解产能过剩,但从当前的实际效果来看,相关问题仍然没有得到根本性的解决,甚至在部分行业有所加剧。一个有待解答的问题是:为什么某些行业的产能过剩格局难以改变?该问题的探讨对中国未来经济的结构转型和可持续发展具有重要的现实意义。

"供给侧结构性改革"正是形成于这一背景。2015 年 10

---

* 本章原载《经济研究》2017 年第 9 期,题为"财政压力、产能过剩与供给侧改革",合作者梁若冰、谢贞发、苏国灿。收入本书时有修改。对三位合作者的贡献,在此一并致谢。

月,时任中央财办主任、国家发展改革委副主任刘鹤到广东考察时表示,要大力推进市场取向的改革,更加重视供给侧调整,加快淘汰僵尸企业,有效化解过剩产能。2015年11月10日,习近平在中央财经领导小组第十一次会议上发表重要讲话,全面地为"供给侧结构性改革"下了定义,其中"促进过剩产能有效化解,促进产业优化重组"成为供给侧结构性改革的重中之重。

有效地实现政策既定目标依赖于对相应现象形成原因的认识。中国的产能过剩问题具有独特之处,对其成因的准确把握是供给侧结构性改革顺利推进的关键。已有研究成果可以大致分为"市场机制论"和"政府推动论"两大类。"市场机制论"的主要代表是林毅夫(林毅夫,2007;林毅夫等,2010),该派理论将产能过剩的原因归结于"潮涌"现象,认为社会对某类产业具有良好前景共识,且各企业在信息不完全的情况下投资设厂,最终导致了产能过剩问题。本章认为,"市场机制论"能够部分解释中国产能过剩问题,但并未抓住问题的根本。一个逆向思考是,当这种良好前景共识及预期利润消失时,这种产能过剩供给的"潮涌"问题也应该消失,但显然事实并非如此,不少被明确列为产能过剩的行业近年来仍在持续地扩大着产能[①]。

---

① 如造纸行业,见:http://www.chinapaper.net/news/show-19236.html;煤炭行业,见:http://finance.sina.com.cn/roll/2016-09-26/doc-ifxwevvw1541835.shtml?cre=financepagepc&mod=f&loc=1&r=9&doct=0&rfunc=100;等等。

这一现象得到"政府推动论"相关研究文献的解释。周业樑和盛文军（2007）认为转轨时期中国产能过剩的原因很大一部分来自投资体制的不合理和政府参与产业投资的强烈冲动，地方政府的利益驱动是政府主导下的过度投资和重复建设问题的重要原因，而其重要的工具是土地和资金。国务院发展研究中心（2015）也认为除了经济增长因素外，中国产能过剩具有独特的体制机制因素，也即中国的财税体制以及地方政府的考核评价体系刺激了地方投资，在这一过程中不彻底的要素市场化为政府干预提供了便利。他们认为政府推动是中国产能过剩的重要原因。"政府推动论"甚至认为政府对产能过剩具有关键性的作用。如江飞涛等（2012）发现地方政府投资的补贴性竞争才是导致产能过剩最为重要的原因，他们认为地方政府利用土地产权模糊、环境保护体制缺陷和金融机构的软约束进行资本竞争，进而干预企业投资。刘航等（2014）利用2000—2014年中国省级数据分析了城镇化对产能过剩的影响，发现过快推进的城镇化增加了就业压力，迫使地方政府从财政、贷款和土地等方面加大对企业的支持而导致产能过剩。

从上述研究成果可以看出，目前虽存在着较丰富的文献对中国产能过剩的形成原因进行分析，但仍然缺乏关于地方政府行为动机的直接微观实证证据，即实证性探讨地方政府受何种因素的激励而积极大力扶持产能过剩行业的发展。忽视该问题的一个最直接后果是，即使禁止了或是完善优化了种种扶持手段和政策工具，但出于这一内在激励机制，地方政府仍会不断"创新"出其他应对手段，最终无法真正地化解过剩的产能。

本章在这方面进行了尝试，试图从财政紧平衡压力角度提供政府推动产能过剩产业发展的微观实证证据，剖析中国"压力式"财政激励对产能过剩形成及其化解难问题的实证效应，这也为"政府推动论"提供了进一步的证据。具体而言，本章选择了各省省以下财政体制变革中的增值税税收分成减少作为地市政府财力变化的外生冲击，检验了地方政府在应对这一冲击时对积极引进产能过剩行业以稳定当地财政收入增长的意愿。实证结果表明，地方政府在应对增值税分成减少时，确实会通过繁荣产能过剩行业来扩大当地财源，进而增加自身财政收入。因此，中国产能过剩的出现及化解难问题与地方政府财政激励密切关联。实证结果同时表明，分成减少并没有降低税收征管水平，这也排除了实际税负水平降低能对产能过剩行业企业产生吸引这一竞争性假说。

本章贡献主要包括以下几点。第一，本章实证结果进一步辅证了陶然等（2009）提出的财政集权的财政激励效应，即地市级政府在经历税收集权后将加大对经济的发展支持力度，以稳定当地的财政收入规模，并为其提供了最直接的微观实证证据。第二，本章实证结果表明财政激励是近年来过剩产能形成及其化解难问题的关键原因。第三，本章研究发现内资企业是地方政府发展过剩产能的重要途径,这很好地解释了中国产能过剩形成的特色之处,进一步验证了中国"潮涌"现象与政府活动密切相关。当然,尽管本章研究发现税收集权冲击正向促进了地方产能过剩行业发展,但其内在含义不仅于此,实际上这意味着任何显著降低地方财力的政策冲击都可能提高地方政府对产能过剩行业的依赖强度。这也为供给侧结构性改革提供了一定启示,即改革中化解产能以及减税等政策短期内可能减弱地方财政能力,这容易制约改革的顺利推进,因此改革过程中应注意稳定地方财力。

本章剩余部分的结构安排如下。第二部分为产能过剩行业的经济背景与文献回顾,以及本章的理论假说;第三部分介绍了实证策略,并对实证数据进行了相应说明;第四部分报告了实证结果,并进行了相应的稳健性检验;第五部分对财政紧平衡压力的财政激励效应的备择竞争假说进行了检验,并检验了地方政府在产能过剩行业方面的发展途径,探究了中央产能调控政策在财政激励下的有效性;第六部分为结论及政策启示。

二、经济背景与文献回顾

对于产能过剩的成因,大量国外学者从市场微观竞争角度予以了解释。一部分研究者认为"过度进入定理"解释了寡头市场下的重复建设及产能过剩问题,这包括斯宾塞

(Spence,1976)、萨洛普(Salop,1979)、魏茨泽克(Weizsacker,1980)、曼昆和温斯顿(Mankiw & Whinston,1986)等,其主要观点认为当市场能够自由进入且实行古诺竞争后,均衡时的企业数量将大于社会福利最大化的企业数量;而另一部分研究者则认为产能过剩是企业竞争的重要策略,先期进入者通过增加产品数量以降低市场价格而阻止后来者的进入,过剩产能能够形成可置信威胁和进入壁垒,这主要包括斯宾塞(Spence,1977)、格玛沃特(Ghemawat,1984)、克尔曼和马森(Kirman & Masson,1986)、马西斯和科恰斯基(Mathis & Koscianski,1996)等。但从以上两个角度论述中国的产能过剩问题远远不够。一方面,中国相当部分的产能过剩行业属于完全竞争市场[1]或是战略性新兴产业[2],而非寡头垄断市场或已有先期进入者,因此后两种市场内部的微观企业策略机制理论显然无法很好地解答中国过剩产能的持续形成以及化解困难问题;另一方面,中国在由计划经济向市场经济转轨的过程中,政府力量往往在市场经济发展中发挥着主导性甚至决定性的作用,这主要体现在市场规模及结构上,忽视政府层面因素必然难以揭示产能过剩这一市场机制持续失灵状况及其程度的日益深化。在此背景下,本章试图从地方政府财政激励视角对中国产能过剩问题进行分析。

---

[1] 如造纸、化学纤维等行业。
[2] 如风电、多晶硅、锂电池等产业。

(一)产能过剩行业的税收效应

从财政激励角度分析中国产能过剩问题,逻辑出发点是产能过剩行业能够给地方政府带来丰富的税收收入,这对地方政府形成了极其强烈的财政激励,使其拥有充足意愿支持这类企业的发展。首先需要明确的是,产能过剩指的是微观企业视角下,现有的资本和劳动等生产能力没有得到充分利用,潜在产出高于实际产出的状况,这种全局性的微观层面的产能过剩将形成整个宏观行业的产能过剩问题。然而,产能过剩行业并不与"亏损"或"微利"行业画等号,在已有的市场交易均衡条件下,这类行业也可能产生相当规模的交易利润及财政税收。

为揭示这一特征,首先需要确定产能过剩行业。本章根据韩国高等(2011)对1999—2011年中国制造业产能过剩行业的测算,选择了黑色金属、有色金属、石化炼焦、化学原料、矿物制品、化学纤维和造纸制品等7个行业作为产能过剩行业。[①]遗憾的是,韩国高等(2011)只计算了制造业中的过剩行业,而没有考虑第二产业中的采矿业等其他行业。因此,对于非制造业的其他第二产业,本章参考沈坤荣等(2012)测算的工业行业产能过剩情况,加入了煤炭开采和洗选业、黑色金属矿采选业、石油和天然气开采业、非金属

---

① 选择这篇文献作为参考依据的原因不仅在于该文在产能过剩相关研究文献中的引用率极高,更重要的是其测算的产能过剩行业与当前产能化解调控政策中的过剩行业相一致。

矿采选业、有色金属矿采选业以及电力、热力的生产和供应业这6个行业作为产能过剩行业。也就是说,本章确定的产能过剩行业共包括13个行业,这基本覆盖了历年来中央政府化解产能过剩和调整产业结构相关政策通知中的行业[①],而工业行业(扣除建筑业[②])共包括39[③]个行业,可以看出产能过剩行业个数共占总数1/3。

一方面,本章测算了2007—2014年[④]这13个行业产生的地方各税种税收收入占第二产业对应税收比重,具体如图1-1所示。可以看出,产能过剩行业给地方政府贡献了大部分税收:在2007—2014年,产能过剩行业形成的增值税税收[⑤]平

---

① 如2006年《国务院关于加快推进产能过剩行业结构调整的通知》主要指的是钢铁、电解铝、水泥和煤炭等行业,2009年《关于抑制部分行业产能过剩和重复建设引导产业健康发展的若干意见》主要指的是钢铁、水泥、平板玻璃、风电设备等行业。
② 扣除建筑业的原因在于建筑业缴纳的是营业税而非增值税,而本章主要探讨增值税分成变化对工业企业的影响变化,即主要对应非建筑业的第二产业。此外,作为本章实证数据来源的工业企业数据库中也没有建筑业数据。
③ 《中国税务年鉴》里,税收分产业中除去建筑业的工业行业比工业企业数据库中的行业少1个,只有39个,这是因为橡胶制品业和塑料制品业在《税务年鉴》中被合并为橡胶和塑料制品业。这一合并不影响本章的主要结论。
④ 2007年以前各行业税收规模无法完整获得,使用2007年及之后年份数据也能够反映基本情况。
⑤ 增值税由国税系统征收,《中国税务年鉴》提供的数据虽为全国增值税税收规模,但由于增值税为中央与地方共享税收,因此征收系统差别并不影响地方经济中过剩行业占第二产业增值税比重的测算。

均占第二产业增值税的 47.95%，最高为 51.81%，即第二产业中约一半的增值税征收自产能过剩行业，且这一比例保持得极其稳定。对于地方政府的企业所得税收入[①]，在 2007—2014 年，第二产业中平均约 55.62% 的企业所得税来自产能过剩行业，其中最高值达到 61.88%。最后，在地方总体税收中，在 2007—2014 年，平均约 49.90% 的地方第二产业税收来自产能过剩行业。

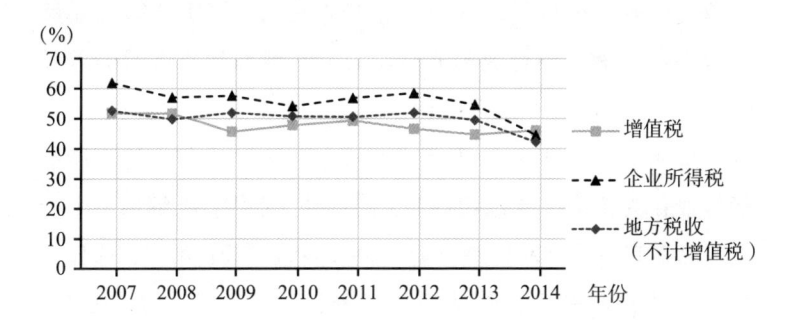

图 1-1 2007—2014 年产能过剩行业形成税收占第二产业对应税收比重[②]

另一方面，本章利用中国工业企业数据库 1998—2009 年微观企业数据，探究产能过剩行业企业的增值税税收规模及利润与非产能过剩行业企业的差异性。为此，本章构建产能过剩行业虚拟变量 epc_j，当企业 j 属于产能过剩行业时，有

[①] 2008 年及之后年份企业所得税数据分内资企业所得税和外资企业所得税列出，因此 2008 年及之后年份企业所得税数据为两类型企业的加总。

[②] 数据来源均为各年《中国税务年鉴》。

$epc_j=1$, 否则为 0, 进而利用已有的工业企业数据库进行汇总, 并对行业产能过剩进行处理, 验证产能过剩行业的增值税税收规模是否更大。此处采用的是简单的普通最小二乘法 (OLS) 回归, 在回归过程中, 本章控制了企业所在地市固定效应和时间固定效应。为了检验产能过剩行业与非产能过剩行业的税收效益差异, 本章采取如下步骤。第一, 利用 1998—2009 年工业企业数据样本合并汇总, 观察相较于非产能过剩行业, 产能过剩行业的税收收益是否更大, 该实证结果能够大致揭示产能过剩行业与非产能过剩行业在税收方面的差异性; 第二, 为减少产能过剩行业的选择对实证结论的干扰, 选择 2003 年、2006 年和 2009 年中央政策①中一直包含的产能过剩行业作为传统产能过剩行业, 即钢铁、水泥、电解铝三个行业, 观察其与非产能过剩行业的税收效益差异; 第三, 选择上述三份中央政策中包含的产能过剩行业, 分别利用 2003 年、2006 年和 2009 年三个时间点样本, 观察在这些时间点已经被明确为过剩的行业, 是否拥有更大的税收资源。同时, 为观察产能过剩行业是否能为企业主带来更丰厚的利润, 本章按照以上步骤, 进一步解释了产能过剩行业与非产能过剩行业的利润差异, 并从企业增值税规模、企业利润规模、企业利润占

---

① 即 2003 年 12 月 23 日《关于制止钢铁电解铝水泥行业盲目投资若干意见的通知》、2006 年 3 月 20 日《国务院关于加快推进产能过剩行业结构调整的通知》、2009 年 9 月 26 日《关于抑制部分行业产能过剩和重复建设引导产业健康发展若干意见的通知》。

工业增加值比重和企业所得税规模[①]四个角度阐述。具体结果如表1-1。

表1-1 产能过剩行业的增值税与利润效益

	全样本 (1)	传统产能过剩行业 (2)	2003年样本 (3)	2006年样本 (4)	2009年样本 (5)
(一)增值税效益——企业增值税规模取对数					
产能过剩行业	0.450*** (0.002)	0.404*** (0.003)	0.425*** (0.012)	0.497*** (0.008)	0.359*** (0.008)
(二)利润效益——企业利润取对数					
产能过剩行业	0.321*** (0.003)	0.226*** (0.004)	0.246*** (0.016)	0.362*** (0.010)	0.251*** (0.011)
(三)利润效益——企业利润/工业增加值					
产能过剩行业	0.360** (0.153)	0.326** (0.145)	−0.081 (0.270)	−0.005 (0.169)	0.057 (0.044)

---

① 企业所得税规模一定程度上反映了企业的盈利能力和利润水平。

续表

	全样本 （1）	传统产能过剩行业 （2）	2003年样本 （3）	2006年样本 （4）	2009年样本 （5）
（四）企业所得税效益——企业所得税取对数					
产能过剩行业	0.376***	0.258***	0.282***	0.443***	0.299***
	（0.004）	（0.005）	（0.020）	（0.013）	（0.013）

注：括号内为稳健标准误；*、**、*** 分别代表 $p<0.1$、$p<0.05$、$p<0.01$。第（1）（2）列均控制了地区和年份固定效应，第（3）（4）（5）列由于只保留了一年的时间样本，因此只控制地区固定效应；由于2009年工业企业数据库中工业增加值数据缺失，使用企业利润与工业总产值作为第（三）栏第（5）列被解释变量。

根据表1-1第（一）栏可看出，产能过剩行业产生的企业增值税收入显著高于非产能过剩行业，平均每企业提供的增值税规模要高于非产能过剩行业45%左右，而如钢铁、水泥、电解铝等传统产能过剩行业，平均每单位企业的增值税规模也仍然显著超过非产能过剩行业40%左右。同时，表1-1第（二）至（四）栏表明这些行业的利润、企业所得税规模，甚至每单位工业增加值中的利润都明显高于非产能过剩行业企业，而第（三）栏中第（4）（5）两列不显著，足以表明这类行业并不意味着更低的利润。产能过剩行业的利润和税收优势也有其他方面的证据，如钢铁、水泥、电解铝等行业的价格指数在1998—2009年一直处于上涨趋势，尤其在2003年之后增长速度明显加快①。产业升级转型课题组（2017）计算了2006年以来不同行业主营业务收入利润率，发现煤炭、钢铁等行业在2008年以前的利润率提高幅度较大②，且钢铁行业的销售利润率从2001年开始稳步上升，直到2008年才逐渐回落，其2004—2007年平均利润率超过7%。③这些证据均表明了产能过剩行业不等同于低水平的利润和税收。④因此，社会资本具有充足的微观动因和激励流入相关行业，而地方政府出于增收动机而在土地或信贷等方面提供的政策支持，使得资本流入过程更加顺畅和便捷，这形成了政府与企业在产能过剩行业发展中的"共赢"局面。由此形成的一个疑问是：既然这些行业是产能过剩行业，为何仍能带来丰厚的税收和利润？本章认为其中原因至少包括以下五点。

第一，产能过剩意味着潜在供给大于实际需求，产成品或产能设备存在一定的闲置浪费。这对于整个社会经济资源配置而言属于帕累托非有效，但并非意味着此时企业便丧失

---

① 数据来源：根据《中国价格统计年鉴》汇总得到。
② 产业转型升级课题组：《结构转型与产能过剩：理论、经验与政策》，人民出版社2017年版，第10页图1-5。
③ 数据来源："钢铁业：如何迈过生死线"，http://news.xinhuanet.com/energy/2013-05/06/c_124666764.htm。
④ 2013年开始这些传统行业陷入了全面亏损状态，这是产能持续扩大与经济周期趋势的影响所致。一方面，产能的持续扩大加深了产能过剩程度，不断地降低了企业产能利用率和资源效率；另一方面，全球经济形势的周期波动较大程度地影响了产品需求，将产能过剩的不良后果进一步反映出来。

了盈利能力或者只能维持在相对较低的盈利水平。当低于潜在供给水平的产品成交量仍可以形成较大的盈利能力时，便能够形成企业利润，进而创造增值税等税收收入，给地方带来丰厚的财源。

第二，以水泥、钢铁、煤炭等为代表的绝大部分产能过剩行业呈现投资运营规模巨大的特点，这意味着这类行业的工业产值和年工业增加值也相对更大，税基较为稳定和庞大。这一特征事实决定了相关企业在正常生产运转过程中能够产生相当规模的增值税收入，尽管其潜在供给水平要高于平均市场需求。因此，尽管这些行业存在着较为严重的产能过剩现象，但却给地方政府带来了丰厚的税收尤其是增值税收益，使其继续被作为地方重点税源甚至税收支柱性产业而得到培育和保护。

第三，产能过剩这一整体性概念不能一概而论，其中还包括局部过剩和周期性过剩等细分类型（徐滇庆和刘颖，2016）。局部过剩指有些地区市场饱和、供过于求，但有些地区并非如此；周期性过剩指市场在经济周期的衰退期容易出现暂时性过剩，而在周期其他时间点则可能为一些地区确实创造可观的税收效益。

第四，钢铁、水泥等一些产能过剩行业的产品同质化程度高，"其竞争主要依靠价格，即使行业产能过剩，但由于后进入者建厂成本低（技术进步快）、运营成本低（在政策优惠下可以降低人工成本、环保成本等），仍能形成竞争优势，因此容易继续大量投资"(国务院发展研究中心,2015)。

第五,产能过剩行业的投资规模大,对当地的经济发展、财政收入以及就业等的贡献巨大,因此这类行业在投资决策过程中容易引发地方政府的恶性竞争,地方政府愿意通过低价出让工业用地、降低环境执行标准等各种手段吸引其进入本地(张日旭,2012;聂辉华等,2016),这极大减少了这类行业的生产成本,人为地提高了投资者利润水平(江飞涛等,2012)。

(二)增值税分成减少与财政紧平衡压力

税收分成是1994年分税制改革后各级政府之间划分各类税收收入所广泛采用的办法。不仅中央与省级政府之间的税收收入划分主要采用了这一方法,省以下财政体制也沿用这一办法对归属地方的各税种税收收入进行地方政府层级间的划分。当上级政府税收分成增多时,就会直接减少下级政府的税收收益,形成财政紧平衡压力。

尽管实行中央与地方分成,但增值税仍是地方政府的主体税种之一,其规模在"营改增"之前仅次于营业税收入[①]。以2014年为例,地方税收总计为58804.28亿元,其中增值税9795.93亿元[②],占比达到16.66%;对于欠发达地区以及基层政府而言,这一比值更高。因此,在省以下财政体制改革中,省

[①] 如在"营改增"还未试点推行的2011年,增值税占地方财政收入的比重为14.57%,仅次于营业税的占比(32.8%)。

[②] 数据来源:《中国税务年鉴2015》。

级政府与地市级政府的增值税分成变化一直是改革重点。根据分税制后中国省以下财政体制变革实践，本章将增值税税收分成的变化大致分为两个阶段：第一个阶段为1994年前后的形成期，各省结合分税制财政体制改革与地区特点而形成了本省财政体制，初步设定了省以下增值税税收分成比例；第二个阶段为2002年前后的调整期，各省以中央所得税分享改革为契机，均不同程度地调整了增值税共享办法，以适应新的经济和财税格局，提高省级财政分享比例、降低地市财政分成比例为这一阶段的主要特征。

基于数据获取原因，本章利用第二阶段的增值税分成变化作为地市财力变化的外生冲击。这种省级财政对增值税收益的集中明显降低了地市增值税收益，而由于增值税收入仍是不少地区以及基层财政的重要来源，因此这种分成变化对地市级政府造成了明显的财政紧平衡压力，后者只能进一步加大其财政努力以稳定收入规模。可以预期，增值税分成的变化将改变地方政府的行为，尤其是在当前转轨时期，政府在市场经济发展中极强的主导地位确保了政府行为能够最大程度地影响市场经济发展规模与模式，其中可能就包括对产能过剩行业的扶持。

（三）财政紧平衡压力与产能过剩行业发展

地方政府可以通过发展一些结构性过剩行业来应对增值税分成降低所引起的财政紧平衡压力。该途径的成立依赖于一个较强的前提条件：被集权的收入部分是地方政府的主体财源，政府难以找到其他高收益替代收入。如在预算外收入被严格管理的制度背景下，地方政府无法持续依赖预算外收入，因而预算内收入的扩大成为其应对财政集权的首选。

增值税的集权符合这一条件：尽管增值税分成减少显著降低了地方的工业税收收益，但地方政府并不能缩减工业规模，因为工业发展不仅能够带来稳定充足的增值税以保证本地财政收入，且对第三产业和营业税具有较强的"溢出"效应（陶然等，2009）。同时，目前绝大部分地区仍没有形成可以完全替代增值税的税种，且仍然无法略过工业而直接转向发展其他产业经济，可以说工业仍是中国地市经济发展的基础和获取税入的主要方式。因此，政府行为的经济学逻辑是：在应对增值税分成下降形成的财政紧平衡压力时，地方政府仍然愿意发展工业企业以扩大税基，弥补分成减少带来的增值税损失。需要指出的是，本章并不能支持但也无法否定，在不存在财政紧平衡压力的情况下，地方政府的行为仍是最大化增值税税基。本章的理论基础是，这种扩大税基的行为是为了减少增值税分成冲击形成的财政紧平衡压力。实证分析也是沿着这一思路进行，仅讨论了增值税分成冲击造成的影响。

当然，省级政府在减少地市增值税分成的同时，转移支付规模也可能随之变化，可能的变化方向及影响路径包括以下两方面。一方面，提高地市转移支付规模，减少分成骤降形成的财政紧平衡压力。尽管这能够缓解一定的财政紧平衡压力，但由于转移支付是由上级拨付，存在一定的未来不确定性，地方政府往往难以对其作提前统筹安排，因此仍有极大的动力去发展增值税税基，以形成稳定的税收来源。另一方面，由于增值税分成变化冲击形成于所得税改革的背景之下，其目的是保证稳定的省级财政宏观调控能力，因此对地方转移支付的规模可能难以增加，增值税分成下降直接使地市级政府面临财政紧平衡压力。可以看出，增值税分成下降将促进地方政府积极发展工业企业。

而在众多工业行业中，产能过剩行业形成的增值税收益相比其他行业更加丰厚，而地方保护也往往集中在这些利税率较高的产业中（白重恩等，2004），这决定了尽管此类行业一直受到中央政府的管控和约束，地方政府仍然拥有极大的动机扶植其发展。除具备主观意愿外，地方政府也具备充足客观条件进行支持，这主要指的是各类政策工具，如低价出让用地、降低环境规制及拓宽信贷渠道等（江飞涛等，2012）。同时，如第二部分所指出的，由于产能过剩行业产品同质性高，具备进入壁垒低和技术进步快的特点，其实际利润水平也较高，因此社会资本愿意流入这些行业，进一步助推了其发展。这与林毅夫（2007）归纳的"潮涌"现象一致，本章支持该论点，但认为中国产能过剩问题不仅于此。

值得一提的是，在这一过程中，地方政府间的竞争可能会进一步强化扶持力度。如张日旭（2012）认为，地区间竞争使得各地政府尽最大可能鼓励大型基础设施、钢铁、水泥、平板玻璃和煤化工等对 GDP 和税收有巨大贡献的项目在本辖区投资，同时，由此形成的地方保护主义容易制约地区间的资本流通和信息传递，加剧本地区的低端产能过剩。江飞涛等（2012）指出，地方政府在土地、金融、环境等各方面的补贴性竞争使得投资者的私人成本远远小于社会成本，这将改变企业投资的激励结构，扭曲企业的投资行为，导致全社会产能投入和均衡产出均高于合理水平，从而出现较为严重的产能过剩现象。

因此，本章的主要假说是：**增值税税收分成下降使地方政府加大对产能过剩行业企业的引入和扶持，以应对分成降低形成的财政紧平衡压力。**

为验证这一假说，本章将利用1998—2011年地市增值税税收分享比例降低作为地方财政紧平衡压力的外生冲击，以观察其对产能过剩行业企业发展的实证效应，判断财政紧平衡压力对地方产能过剩行业的影响，从而试图为中国的供给侧结构性改革提供相应的启示。

三、实证策略与数据说明

（一）基本回归模型

为判断税收分成调整对产能过剩行业发展的影响，本章利用模型（1-1）进行分析：

$$y_{it} = \alpha \times dvat_{it} + X\boldsymbol{\beta} + \delta_i + \tau_t + \varepsilon_{it} \quad (1-1)$$

其中,被解释变量y_{it}表示地市i在年度t属于产能过剩行业的新增企业数量,在回归中本章均取对数处理($lnnpec$[①])。模型(1-1)中的核心解释变量为$dvat_{it}$,这衡量了地市i在年度t的增值税收入变化程度,其计算公式为$dvat_{it} = \dfrac{vat_{i(t-1)} - vat_{it}}{vat_{i(t-1)}}$,其中$vat_{it}$为地市增值税税收分成比例,$dvat_{it} > 0$表示地市经历了增值税税收分成的减少,当$t$年地市增值税分成比例减少幅度越大时,$dvat_{it}$越大。当$vat_{it} = vat_{i(t-1)}$时,$dvat_{it} = 0$,表示地市增值税分成没有发生变化。可以看出,$dvat_{it}$变量实际上反映的是地方分成的冲击程度,当分成变化不存在时,这一变量即为0,因此系数α反映的就是财力变化冲击对新增产能过剩企业的平均处理效应,这与本章的研究目的一致,即旨在揭示短期冲击带来的企业数量的长期变化效应。

X为控制变量集:首先,地市营业税作为地方主体税种,其税收分成比例的变化也可能对地方财力产生影响,进而影响产能过剩行业的发展,因此模型(1-1)中加入营业税税收分成的变化率($dbust$)进行控制,其测算方法与增值税变化的计算方法一致。其次,刘航等(2014)指出,地方政府主导的

[①] 为保留没有增加新增企业的样本,取对数时进行加1处理,即$lnnpec=\ln(npec+1)$。同时,本章也使用了水平值进行检验,发现结果基本一致。

过快城镇化进程造成低技能劳动力的过度供给,地方政府倾向于发展有利于充分就业的产能企业,这容易形成地方产能过剩问题,因而本章也加入了城市化率($rcity$)以及城市化率平方项($rcity\,2$)作为控制变量;同时还使用了地市高等学校在校生人数占总人口比重衡量地市劳动力技能水平(edu)及其平方项($edu\,2$)以控制地区知识技能水平对当地产能过剩行业发展的影响。最后,地市企业投资状况与各经济变量均密切相关,如个人收入和消费决定了当地产品需求,而整体经济状况决定了投资环境等,因此本章也加入了人均GDP、人均可支配收入以及人均消费支出等经济变量的对数($lnrgdp$,$lnincome$,$lnconsume$)进行控制。此外,模型(1-1)为双向固定效应模型,δ_i控制了不随时间变化的个体因素,如不同地区对不同资源的依赖强度决定了产能过剩企业的发展;τ_t控制了不随个体变化的时间因素,如2008年经济刺激政策可能对产能过剩企业的影响。ε_{it}为误差项。

  由于政府在面对税收分成变化时可能难以立即做出政策反应,而企业投资变化更需要一定时间才能有所体现,因此本章在模型(1-1)也考察了当期、滞后一期($ldvat$)和滞后二期增值税集权($ldvat\,2$)对过剩行业企业的影响。从模型(1-1)可以看出,当税收分成的减少对产能过剩行业的发展具有促进作用时,可以预期α将显著大于0。

(二) 数据说明

本章的产能过剩行业新增企业数据来自中国工业企业数据库1998—2009年[①]，即本章的实证样本为1998—2009年各地市样本。本章判定一个企业是否属于产能过剩行业新增企业的标准如下：首先根据数据库中企业对应的行业进行归类，判断其是否属于产能过剩行业；再根据该企业的注册时间判断其是否属于当年新增工业企业。按照这一标准，本章汇总得到了该地市当年新增产能过剩企业的数量。

为获取各地市增值税分成的变化情况，本章搜集了1994年以来中国31个省份（即不含港、澳、台）财政体制政策文件，根据省与地市的增值税分成规定办法，确定地市增值税分成比例vat_{it}，计算得出$dvat_{it}$。各省份财政体制政策文件主要来自《中国省以下财政体制2006》、各地区年鉴和财政年鉴中关于财政体制改革的政策与文件，同时也包括某些地区的财政厅的依申请公开系统，此外还包括网络搜集，通过不同资料来源的相互辅证确保了数据的完整和准确。处理数据时，本章首先剔除了特殊地区：直辖市与其他地级市的行政级别不同，故删除北京、天津、上海和重庆4个样本，而计划单列市直接与中央政府进行税收划分，省级财政无法干预，故删除大连、青

[①] 2009年之后的中国工业企业数据库数据可信度较低，因此未采用。

岛、宁波、厦门和深圳5个计划单列市样本。

在剩余样本中,地市增值税分成体制及数据主要表现出以下几个基本特征。第一,在余留地方的25%增值税收入中,各省统一划分省与地市之间的税收分成办法,同一省份的不同地市一般保持相同的办法。当然,也有例外,如甘肃省2003年增值税分成调整后,兰州、嘉峪关、金昌等地市只保留地方增值税的30%,而其他地市则可以保留地方增值税的80%。第二,作为省财政体制改革最重要内容之一,增值税分成牵一发而动全身,因此长期以来相对稳定,往往仅随中央对地方财政体制的变迁而变动,这表现为增值税分成的变化主要发生在1994年和2002年前后地方财力分配格局为了适应新的中央与地方财政分配关系而发生改变之时。1994年分税制改革明确了中央与地方财力划分规则,这也直接促进了各省财政体制的形成,各省纷纷改革和完善以往财政分配手段,省以下税收划分办法基本确立。2002年中央改革所得税分享办法,这导致一些省份直接调整了省与地市财政的增值税分成办法,如山西、湖北等9个省份在2002—2005年均调整了其地市增值税分成办法。之后年份个别省份也发生了变化,如2006年内蒙古、2007年山西、2009年甘肃等。第三,各省增值税分成比例由各省单独确定,中央政府不干预这一过程,因此各省份省以下增值税分成变化表现出明显的地区差异,主要体现在变化时点和变化强度两方面。如2002年山西省地市增值税分成比例从100%[①]降低至65%，河北省从100%降低至60%，湖北省则从100%降低至68%；2003年辽宁省地市增值税分成比例从100%降低至60%。也有部分省份的增值税分成在样本时间内保持稳定，如安徽、山东等；而少数省份则提高了其地市分成比例，如2001年江苏省地市增值税分成从50%提高至100%等。第四，2002年以来，各省增值税分成表现出以集权为主的特征，省财政通过减少地市增值税分成以应对所得税改革对省级财政宏观调控能力的冲击。1998—2009年，各地市地方增值税分成比例均值从91.0%降低至82.0%，体现出向省级财政集权的趋势，且其中的主要变化发生在2002年前后，各地市地方增值税分成比例均值在2001年为91.6%，2002年降为87.7%，2003年进一步降至83.9%，其他年份则基本保持稳定趋势。

"营业税分成变化程度"变量也来自政策文件的规定办法，其余控制变量数据均来源于CEIC数据库，其中城市化率为非农业人口除以总人口数，经济类变量数据则按照1998年价格水平计算。由于控制变量数据缺失较为明显，如人均消费支出、人均可支配收入在2002年之前数据以及非农业人口在2009年数据无法获取，而其他指标类数据在个别城市的个别年份也存在缺失，因此，本章利用插值法估算出缺失值，最

[①] 为便于直接观察省级财政与地市财政的增值税划分比例，这里指的是余留给地方政府的增值税部分，不包括上缴给中央政府的75%部分增值税。本段中地市税收分成比例均不包括上缴给中央政府的部分。

终获得各控制变量在1998—2009年数据[①]。各变量的描述性统计如表1-2所示。

其中，由于产能过剩行业新增企业相关数据在数据处理时的最小值为0，所以本章在进行回归时均选择了加1后再取自然对数的处理办法；而针对增值税和企业所得税税收负担的同样问题，本章删除了那些小于0以及大于100的样本，其占总体样本不到1%。

表1-2 变量描述性统计

变量名	变量符号	均值	标准差	最小值	最大值
产能过剩行业新增企业数量	npec	8.272	12.604	0	149
增值税变化程度	dvat	0.002	0.097	−1	0.7
营业税变化程度	dbust	0.008	0.071	−1.8	0.4
增值税分成	vat	0.643	0.149	0.188	0.75

---

① 在利用均值插值法估计出缺失值后，得出个别不符合基本理论的数值，如城市化率大于1，经济类变量小于0等，本章将其重新修改为缺失值；同时，为了确保预估的控制变量不会影响实证结果，本章做了以下三点工作：一是不加入控制变量进行实证检验；二是仅利用2002年之后样本数据进行回归，这是因为大部分控制变量需估算的数据均是在2002年之前，2002年之后样本的控制变量数据绝大多数为原始数据而非估测值；三是不加入人均消费支出和人均可支配收入这两个变量进行整体回归，以减少控制变量的估测偏差。最终结果表明，这三种方法的结果与本章实证结果没有明显差异。

续表

变量名	变量符号	均值	标准差	最小值	最大值
城市化率	rcity	0.317	0.168	0.046	1.000
劳动技能水平	edu	0.009	0.015	0.000	0.123
人均实际 GDP 取对数	lnrgdp	−0.019	0.783	−4.212	2.664
人均实际消费支出取对数	lnconsume	8.657	0.475	1.386	10.013
人均实际可支配收入取对数	lnincome	8.933	0.471	4.889	10.303
企业产能利用率	cu	0.669	0.652	0.100	3.000
转移支付总规模取对数	lntran	11.573	0.850	7.730	14.825
一般性转移支付取对数	lngtp	8.532	3.123	0	14.457
专项转移支付取对数	lnspe	10.339	1.184	0	13.759
税收返还规模取对数	lnret	10.343	1.263	1.609	14.557
增值税规模取对数	lnvatax	6.309	1.196	2.398	10.638
企业所得税规模取对数	lncitax	5.467	1.549	1.097	11.200
营业税规模取对数	lnsatax	6.675	1.251	3.219	11.582
增值税税收负担（%）	vadtrate	12.826	12.600	0	100
企业所得税税收负担（%）	lincmrate	2.328	4.812	0	100
产能过剩行业中新增民企数量	nprivate	1.557	2.000	0	33
产能过剩行业中新增国企数量	nsoe	0.524	1.687	0	39

续表

变量名	变量符号	均值	标准差	最小值	最大值
产能过剩行业中新增外企数量	*nforeign*	2.518	4.250	0	53

注：经济类变量数据以1998年价格水平计算，人均实际GDP在取对数之前的单位为万元/人，人均实际消费支出和人均实际可支配收入在取对数之前的单位为元/人。

四、实证结果及稳健性检验

本部分主要报告根据模型（1-1）进行回归的实证结果，并对主要的回归结果进行了相关稳健性检验。

（一）基准回归结果

表1-3第（1）至（4）列为无控制变量的回归结果，第（5）至（8）列为包含了各经济社会控制变量的回归结果。其中第（1）至（3）列分别报告了当期、滞后一期和滞后二期增值税分成减少的实证效应，第（4）列为各期增值税分成减少的混合回归结果；第（5）至（8）列同理。可以看出，滞后二期的增值税分成降低对产能过剩行业的企业数量具有显著的正向影响，这表明经历了地市增值税税收集权变化两年后，产能过剩行业的新增企业数量将有明显提高；同时，滞后一期的回归系数也大于0，且t值大于1，这表明在税收集权一年后地市政府已经开始吸引产能过剩行业的企业。比较包含控

制变量和不包含控制变量的固定效应回归结果，可以发现两者回归系数大小和显著性并没有显著变化，这一定程度上说明本章选用的冲击具有较好的外生性。

同时也可以看出：首先，营业税集权对产能过剩行业的发展并没有显著影响，这表明产能过剩行业的变化发展主要来自地方政府对增值税的考虑。其次，城市化率对新增产能过剩行业具有显著促进作用，这与刘航等（2014）的研究结论一致，且这一效应表现出非线性：在一定水平以下，城市化水平越高，越会促进产能过剩企业的数量；超过该水平时，地市政府将减少产能过剩行业的企业数量。再次，劳动技能水平的平方项对产能过剩行业的企业新增具有一定的抑制作用，说明一个地区的劳动技能水平越高，地方政府发展这类企业的动机越弱。① 最后，居民消费水平的提高也显著促进了过剩行业企业数量的增长，这反映了市场需求对供给的影响。

（二）稳健性检验

1. 产能过剩行业的选择

本章选择韩国高等（2011）和沈坤荣等（2012）测算的产

---

① 城市化率和劳动技能水平的影响，一定程度体现了就业等社会压力对产能过剩的影响。本章也观察了这些变量与分成变化交叉项的影响，发现与基准回归结果无显著差异，且交叉项系数表明劳动技能水平和城市化率的提升会显著降低财政紧平衡压力效应，也与基准回归结果一致，这意味着本章回归模型能够较好地控制住社会压力的影响，捕获财政紧平衡压力效应。

能过剩行业作为实证依据,这与国家相关政策中定义的产能过剩行业基本一致,但两者的测算依据和结果并不相同。为减少不同测量方法对本章实证结论的影响,在稳健性检验中,本章分别选择了韩国高等(2011)对制造业测算的产能过剩行业以及沈坤荣等(2012)测算的产能过剩行业为依据,重新测算了各地市产能过剩行业新增企业数量。首先,根据韩国高等(2011)对1999—2011年中国制造业产能过剩行业的测算结果,本章选择了黑色金属、有色金属、石化炼焦、化学原料、矿物制品、化学纤维和造纸制品等7个行业作为产能过剩行业,并利用模型(1-1)进行回归,实证结果如表1-4第(1)列所示[1]。

其次,本章也根据沈坤荣等(2012)对1998—2008年中国各行业中产能过剩行业研究的测算结果,选择了煤炭开采和洗选业,黑色金属矿采选业,石油和天然气开采业,燃气生产和供应业,非金属矿采选业,烟草制品业,化学纤维制造业,电力、热力的生产和供应业,有色金属矿采选业,交通运输设备制造业以及通信设备制造业等11个行业作为产能过剩行业,并利用模型(1-1)进行回归,结果如表1-4第(2)列所示。

最后,本章根据中央政府在2003年、2006年和2009年发布的三项化解产能过剩的政策通知[2]来划定产能过剩行业。

---

[1] 此处根据制造业的产能过剩行业企业数计算,而没有计算工业中所有产能过剩行业数,因此没有报告新增产能过剩行业占比回归结果,但其与表1-2中(5)至(8)列基本一致。

[2] 各政策与本章第二部分提到的政策相同。

表 1-3 增值税税收集权对产能过剩行业企业的实证效应

	lnnpec (1)	lnnpec (2)	lnnpec (3)	lnnpec (4)	lnnpec (5)	lnnpec (6)	lnnpec (7)	lnnpec (8)
dvat	−0.016 (0.119)			0.011 (0.127)	−0.004 (0.140)			0.028 (0.148)
ldvat		0.177 (0.149)		0.196 (0.159)		0.182 (0.148)		0.218 (0.157)
ldvat 2			0.328** (0.147)	0.355** (0.157)			0.403*** (0.154)	0.435*** (0.162)
dbust					−0.024 (0.234)	−0.035 (0.207)	−0.018 (0.210)	−0.015 (0.235)
rcity					2.904** (1.245)	2.974** (1.257)	3.029** (1.302)	2.987** (1.297)
rcity 2					−2.107* (1.132)	−2.142* (1.140)	−2.199* (1.189)	−2.213* (1.196)

续表

	lnnpec (1)	lnnpec (2)	lnnpec (3)	lnnpec (4)	lnnpec (5)	lnnpec (6)	lnnpec (7)	lnnpec (8)
edu					5.903	6.059	7.435	7.471
					(7.021)	(7.012)	(6.959)	(7.019)
edu 2					−98.050	−101.151*	−111.755*	−110.798*
					(61.761)	(60.665)	(60.264)	(61.550)
lnrgdp					0.030	0.031	0.032	0.024
					(0.103)	(0.104)	(0.105)	(0.106)
lnconsume					0.094	0.080	0.180*	0.188*
					(0.103)	(0.105)	(0.105)	(0.104)
lnincome					−0.078	−0.085	−0.150	−0.146
					(0.145)	(0.147)	(0.139)	(0.140)
地区固定效应	是	是	是	是	是	是	是	是

续表

	lnnpec (1)	lnnpec (2)	lnnpec (3)	lnnpec (4)	lnnpec (5)	lnnpec (6)	lnnpec (7)	lnnpec (8)
年份固定效应	是	是	是	是	是	是	是	是
R^2	0.312	0.307	0.315	0.321	0.330	0.326	0.334	0.340
样本量	2973	2971	2914	2897	2763	2765	2726	2709

注:括号内为地市聚类稳健标准误;*、**、*** 分别代表 $p<0.1$,$p<0.05$,$p<0.01$。第(1)至(4)列(1)至(4)为不包括控制变量的回归结果;选择固定效应和随机效应的回归结果相近,豪斯曼检验的卡方值为45.38,对应 p 值为0.000,因此选择了固定效应模型。

表 1-4 稳健性检验 1：产能过剩行业的选择与内在消化

	lnnpec (1)	lnnpec (2)	lnnpec (3)	lnnpec (4)	lntconsu (5)	lnconsu (6)	cu (7)	lnnpec (8)
dvat	0.129	−0.065	0.053	−1.844	0.013	0.014	0.004	−0.007
	(0.144)	(0.167)	(0.155)	(1.492)	(0.027)	(0.018)	(0.005)	(0.093)
ldvat	0.268*	−0.100	0.188	0.351	−0.012	0.003	−0.007*	0.005
	(0.157)	(0.156)	(0.141)	(0.454)	(0.020)	(0.017)	(0.004)	(0.093)
ldvat 2	0.476***	0.230	0.437***	0.705***	−0.004	0.005	−0.009**	0.182*
	(0.160)	(0.140)	(0.146)	(0.245)	(0.015)	(0.019)	(0.004)	(0.098)
R^2	0.297	0.227	0.375	0.215	0.914	0.830	0.001	0.261
样本量	2709	2709	2664	699	2324	3515	177439	2234

注：括号内为地市聚类稳健标准误；*、**、*** 分别代表 $p<0.1$，$p<0.05$，$p<0.01$。各实证回归中均加入了全部控制变量以及时间和地区固定效应。

其中，2003年划定的产能过剩行业包括钢铁、电解铝和水泥；2006年划定的产能过剩行业包括钢铁、电解铝、电石、铁合金、焦炭、汽车、水泥、煤炭、电力、纺织等；2009年划定的产能过剩行业包括钢铁、水泥、平板玻璃、煤化工、多晶硅、风电设备以及电解铝、造船、大豆压榨等。一方面，本章仅选择钢铁、水泥、电解铝这三个一直处于产能过剩状态的行业，观察地市税收分成减少对这三类行业中企业数量的影响，具体实证结果如表1-4第（3）列所示。另一方面，本章仅选择这三个时间点的产能过剩行业，并仅保留这三年时间分样本，观察税收分成减少对这些行业中企业数量的影响，具体实证结果如表1-4第（4）列所示。

根据表1-4第（1）列，不考虑非制造业工业行业的实证结果与表1-2展示的回归结果基本一致；表1-4第（2）列结果的显著性较弱，但在各期单独回归时[①]滞后二期回归系数在10%水平上显著；表1-4第（3）（4）列滞后二期依然显著，表明这些行业尽管一直或时下被定义为产能过剩，仍是地方政府应对财政紧平衡压力的重要依赖。从表1-4第（1）至（4）列可以判断，按照不同方法测算的产能过剩行业进行回归后的结果具有一定的稳健性，产能过剩行业划分的时间和地区差异不会干扰本章的主要结论。

2.新增企业与过剩产能消化

一种可能性是，新增的产能过剩企业能够带来就业或提

---

① 出于篇幅考虑未报告。全书所有未列出的检验数据，作者均备索。

高居民收入水平,这可能扩大地区需求,改善地区产能过剩整体状况,因此不会加剧当地产能过剩程度。尽管对已有传统过剩行业的研究结论能够一定程度上排除这种可能,但此处本章试图进一步提供新的证据,以支持财政紧平衡压力对地区产能过剩的加剧作用。

一方面,当新增就业能够促进地区需求时,其将在地区消费总水平上有所体现。为此,本章利用地区消费水平作为模型(1-1)的被解释变量,观察税收分成对地区总体消费水平($lntconsu$)[①]和人均消费($lnconsu$)的影响[②],实证结果如表1-4第(5)(6)列所示。另一方面,我们根据国务院发展研究中心(2015)对企业产能利用率的测算方法,利用企业成本最小化下的产出作为潜在产出,计算出各年各企业的产能利用率。其中,在测算企业的生产率时,本章借鉴黄枫和吴纯杰(2013)以及阿克贝里等(Ackerberg et al., 2015)的办法,对数据进行了以下处理:(1)剔除关键变量存在缺失值的样本。(2)剔除不符合逻辑的样本,即(a)工业总产值、中间投入、总固定资产、员工人数、固定资产净额、固定资产折旧为负值的样本;(b)工业增加值大于工业总产值的样本、中间投入大于工业总产值的样本、固定资产总额大于固定资产净额的样

[①] 由于未找到地区消费水平变量,我们将人均消费乘以地区总人口作为地区消费水平。

[②] 由于原回归中包含人均消费水平变量,因此在这两个回归中控制变量不再包括人均消费水平。

本、累计固定资产折旧大于固定资产总额的样本、当年固定资产折旧大于固定资产总额的样本。(3)由于在估算生产率时需要采用广义矩估计(GMM)，故剔除仅出现一次的样本。各期增值税分成变化对产能利用率的实证结果如表1-4第(7)列所示，可以看出，滞后期的增值税集权对各企业产能利用率有显著的负向作用，而这一作用在滞后二期表现得更加显著和强烈，这与本章的主要实证结果一致，即财政紧平衡压力会加剧地区的产能过剩状况[①]。最后，本章根据企业产能利用率测算了各地市各年各行业的产能利用率情况，将产能利用率处于样本均值以下的行业定义为产能过剩行业，重新计算各地市各年新增产能过剩企业数，再根据模型(1-1)进行回归，结果如表1-4第(8)列所示。可以看出，其回归结果仍然只在滞后二期显著为正，这与表1-3结果一致[②]，表明在考虑产能过剩行业划分的时间动态性和地区差异性的基础上，本章实证结论具有足够的稳健性。

3. 内生性检验

地市增值税分成变化的外生性是本章的关键，即地市面临的税收分成变化须属于外生冲击，与产能过剩行业的发展

[①] 本章还观察了过剩行业新增企业数量对行业产能利用率的影响，实证结果表明，数量的增加对行业利用率产生了较明显的负向作用。

[②] 但滞后二期的系数和显著性明显降低。本章认为这是由于产能过剩具有区域性和周期性，一些全国范围内已经产能过剩但本区域尚无过剩的企业可能因此未被计入在内，从而弱化了相应结果。

不存在内生关联性，否则本章的财政紧平衡压力效应可能受其他因素干扰。需要指出的是，地市增值税税收分成是各省财政体制的重要内容，由省级政府统一确定，而非地市政府自定，这从制度层面减少了地市层面因素尤其是产能过剩行业发展等变量对税收分成变化的影响。更为重要的是，根据本章对增值税分成变化的观察，其主要发生在2002年也即所得税分享改革时间点前后，彼时所得税共享改革减少了省级政府可用财力，省级财政不得不通过对下级政府税收收益的重新划分来弥补财政缺口，所以增值税分成变化呈现出以省级税收集权为主的特征。因此，增值税分成的变化可认为主要源于中央与地方财政体制分享改革的外生冲击，省级财政出于弥补本级财政的考虑而改变税收分成行为，这极大程度地压缩了地市财政的议价空间，在确定税收分成时地市政府对省级政府的干预程度将大大降低[①]。以上特征事实从理论上减少了地市税收分成变化的内生性干扰。进一步地，本章也从以下几方面的实证分析排除了内生性问题。

a. 共同趋势检验

一种可能的情况是，当增值税分成的减少更容易发生在产能过剩行业企业多的城市时，本章实证结论捕获的将不再是因果效应，而可能产生于自选择问题。一个验证方法是，选

[①] 本章实证检验了地市各经济类控制变量对税收分成变化的影响，发现各变量回归系数均不显著，这表明地市经济状况无法影响税收分成的变化。

择类似于双重差分法（DID）中共同趋势的验证方法，确定地市i在增值税分成变化的时间点$After_{it}$变量，比较时间点t的前几期中处理组和控制组的产能过剩行业新增企业数量的差异性。当不存在明显的差异时，可以认为处理组和控制组具有共同趋势，增值税分成变化具有较好的外生性。由于增值税分成大部分发生在2002年前后，因此本章的共同趋势检验了冲击发生前四期的差异性，实证结果如表1-5第（1）列所示。可以看出，在冲击发生前，处理组和控制组的被解释变量无明显差异，这进一步支持了增值税分成变化冲击与产能过剩行业发展的外生性。

b. 安慰剂效应检验

除共同趋势检验外，另一个验证办法是利用安慰剂效应检验新增企业数量确实来自当期税收分成的变化而非其他因素的影响。该检验的主要思想是，假定税收分成的变化不是发生在t期而是其他时间点，其理应不对被解释变量产生作用。当假设发生在其他期的税收分成变化对被解释变量的影响与t期相似时，则可以认为税收分成的变化可能只是捕捉到了当期其他变量变化的影响。为此，本章假定各地市增值税税收集权出现在前两期，进而构建$fdvat_t = dvat_{t-2}$[①]，重点关注各

---

① 选择提前两期进行安慰剂效应检验的原因是在模型（2-1）中的回归包括当期、滞后一期和滞后二期的变量，因此利用各期$fdvat$的回归结果可以得出提前两期、提前一期和当期$dvat$的实证结果。

期 $fdvat_t$ 变量对被解释变量的影响,利用模型(1-1)得到的实证结果如表1-5第(2)列所示。可以看出,安慰剂效应检验中核心解释变量均不显著,表明在政策冲击发生之前的时间点被解释变量并没有明显的变化,即其变化确实只来自该期的税收分成效应。

c.税收分成变化的反向因果与异常值

增值税分成在变化时,也可能受到产业结构的影响,如资源型工业或重工业比例越高的地区,其地市税收分成的比例可能越高,这类反向因果问题可能导致最终效应并非来自税收分成变化。为此,本章检验了第二产业比重(srate)和地区GDP水平(lnrgdp)对增值税分成变化的影响,实证结果如表1-5第(3)(4)列所示。同时,为减少被解释变量异常值的可能影响,本章删去了被解释变量在前后5%水平值的样本,实证结果如表1-5第(5)列所示。最后,由于产能过剩行业具有资本密集、土地需求量大等特点,规模以上投资的管理权限一般集中在省政府和中央政府手中,项目确定可能无法完全依赖于地方政府意愿。为此,本章比较了《政府核准的投资项目目录(2004年本)》[①]与工业企业数据库中的企业基本信息,发现中央和省级政府核准的投资项目基本都属于规模较为庞大的投资项目,这部分项目在本章新增企业样本占

---

① 这是本章样本期内国务院发布的唯一明确项目投资审核主体的政策文件。

表 1-5 稳健性检验 2：内生性检验

	lnnpec (1)	lnnepc (2)	dvat (3)	dvat (4)	lnnpec (5)	lnnepc (6)	lnnpec (7)	lnnepc (8)	lnnepc (9)
$After_{t-1}/fdvat_t$	0.011 (0.080)	−0.048 (0.213)							
$After_{t-2}/L.fdvat$	−0.002 (0.092)	0.213 (0.131)							
$After_{t-3}/L2.fdvat$	0.117 (0.083)	−0.044 (0.147)							
$After_{t-4}$	−0.006 (0.093)								
srate			0.000 (0.051)						
lnrgdp				0.001 (0.005)					

续表

	lnnpec (1)	lnnepc (2)	dvat (3)	dvat (4)	lnnpec (5)	lnnepc (6)	lnnpec (7)	lnnepc (8)	lnnepc (9)
dvat					−0.039	−0.013	0.171	0.112	0.010
					(0.148)	(0.149)	(0.159)	(0.153)	(0.259)
ldvat					0.135	0.236	0.185	0.114	0.194
					(0.164)	(0.160)	(0.158)	(0.160)	(0.283)
ldvat 2					0.423**	0.512***	0.495***	0.404**	0.578***
					(0.170)	(0.164)	(0.164)	(0.164)	(0.184)
R^2	0.346	0.331	0.049	0.056	0.303	0.306	0.343	0.334	0.351
样本量	1963	2352	2433	3837	2445	2652	2699	2193	2536

注：括号内为地市聚类稳健标准误；*、**、***分别代表 $p<0.1$、$p<0.05$、$p<0.01$。各实证回归中均加入了全部控制变量以及时间和地区固定效应。第（1）列报告的是 $After_{t-1}$ 及滞后期的结果；第（2）列报告的是 $ldvat_t$ 及滞后期的结果。

比中较少，大部分样本项目仍由地市政府核准。为进一步减少非地市核准项目的干扰，本章先删去了企业工业总产值规模最大的10%区间的样本，再汇总地市产能过剩行业新增企业，根据这一子样本回归的结果如表1-5第（6）列所示[①]。最后，杨其静和吴海军（2016）也利用了地市层面的数据，发现地市官员晋升激励能够刺激地方政府向产能过剩行业出让的土地宗数，这也间接表明了地市政府在这类行业的发展方面拥有足够的主动权。可以看出，税收分成变化不受产业结构等经济变量的影响，而异常值的存在不会干扰本章主要实证结论。

d. 遗漏变量问题

第一，经济周期及地区竞争。宏观经济的波动相应引起政府的相机决策，这可能对产能过剩行业的发展和繁荣起着"推波助澜"的作用。本章样本期内主要发生了1998年亚洲金融危机和2008年国际金融危机这两次明显的外部冲击，由此引发的经济波动和政策波动都直接影响着一个地区产能过剩行业的企业数量。本章样本期是1998年及之后，因此需要正视2008年金融危机可能产生的影响。为此，本章进行了三方面的检验：第一，利用2008年及之后的时间虚拟变量与各期税收分成变化作交叉项，以控制住经济危机及刺激政策对增值税分成变化效应的影响；第二，删去2008年及之后时间样

---

① 本章分别删除了前1%、5%、10%和15%的样本作子样本回归，其实证结果基本一致，即只有滞后二期系数显著为正。

本，减弱经济波动对主要结论的干扰；第三，计算各地市各年经济增长率，与各期税收分成变化作交叉项，控制住经济周期可能通过税收分成变化产生的影响。在回归过程中，本章也参考产业转型升级课题组（2017）的做法，利用同一省内人均GDP的均方误差作为地区竞争程度的衡量指标①，加入了这一控制变量以观察对实证结果的影响。实证结果如表1-5第（7）至（9）列所示，可以看出考虑经济周期波动和地区竞争后的结果与基准回归结果的差异不大。

　　第二，上级转移支付的因素。省级政府在降低地市税收分成时，也可能同时加大对地市政府的转移支付支持，这使得税收分成的降低并不必然意味着地市政府的财政紧平衡压力扩大。为此，本章在稳健性检验中观察了增值税分成变化对地市转移支付的影响。具体来看，本章观察了税收分成降低对地方政府转移支付总规模（$lntran$）、一般性转移支付（$lngtp$）、专项转移支付（$lnspe$）和税收返还规模（$lnret$）②的影响，其实证结果如表1-6第（1）至（4）列所示。同时，本章还观察了加入转移支付总量作为控制变量的回归结果，如表1-6第（5）至（8）列所示，以判断实证结论的稳健度。可以看出，地方获得的转移支付规模并没有随着税收分成降低

---

① 其内在逻辑在于，同一省内经济差异越小，可以认为其地方政府间的竞争越激烈。

② 各变量均取对数处理。

表 1-6 稳健性检验 3：税收分成变化与各类转移支付

	lntran (1)	lngtp (2)	lnspe (3)	lnret (4)	lnnpec (5)	lnnpec (6)	lnnpec (7)	lnnpec (8)
dvat	-0.104** (0.044)	-1.193** (0.567)	-0.099 (0.158)	-0.034 (0.036)	-0.089 (0.153)			-0.054 (0.170)
ldvat	-0.113*** (0.037)	0.249 (0.416)	-0.257** (0.114)	-0.038 (0.039)		-0.034 (0.153)		0.002 (0.175)
ldvat 2	-0.099*** (0.031)	0.360 (0.396)	-0.087 (0.152)	-0.032 (0.026)			0.314** (0.152)	0.309* (0.173)
转移支付控制变量	/	/	/	/	是	是	是	是
R^2	0.843	0.532	0.255	0.500	0.339	0.341	0.341	0.341
样本量	2015	2017	2217	2218	1833	1818	1803	1803

注：括号内为地市聚类稳健标准误；*、**、*** 分别代表 $p<0.1$、$p<0.05$、$p<0.01$。各实证回归中均加入了全部控制变量以及时间和地区固定效应。

第一章 财政紧平衡与地方产业发展

而扩大，这可能与增值税分成变化冲击的背景有关：为应对所得税改革对省级财政的冲击，省级政府在提高增值税分成比例的同时，也可能降低了转移支付规模。而加入转移支付作为控制变量的实证结果与基准回归结果也保持了基本一致，即转移支付的存在没有影响本章的主要实证结论。

4. 异质性检验

a. 对增值税依赖程度不同地区的异质性

上述实证结果表明，地市会通过引进产能过剩行业企业来应对财政紧平衡压力。一个符合该逻辑的验证性假说是，增值税占地方财政比重越大，相同程度的增值税分成调整将引起地方财力的变化越大，从而上述效应将越强。为此，本章根据增值税占一般预算收入比这一变量大小进行了分样本回归，以判断分成调整效应在不同地区的异质性。为减弱反向因果效应，本章选择了各地市1997年的增值税占比大小[①]作为判定标准，这是因为该年的增值税占比能够大致反映各地市的增值税占比情况，同时不受样本期内增值税分成变化对增值税占比的可能影响。本章将所有地市样本的增值税占比根据中值水平进行二等分，当该地市增值税占比处于中值以上时，认为其属于对增值税依赖较强地区，否则为依赖较弱地区。根据模型（1-1）的分样本回归结果如表1-7第（1）（2）列所示。

从表1-7第（1）（2）列可以看出，增值税分成的相同程

---

① 数据来源为《1997年全国地市县财政统计资料》，下同。

度减少对于增值税依赖程度较强的地区具有更显著的促进效应，而对于依赖程度较弱的地区则不明显。这说明对增值税依赖程度较大的地区在面临相同程度的增值税分成降低时，所承受的财力冲击更大，因而会采取更为强烈的反应以促进本地产能过剩行业的发展来稳定增值税收入。这进一步验证了本章的主要假说。

b. 财政禀赋不同地区的异质性

增值税分成降低也可能给财政禀赋不同的地区带来异质性效应。对于财政禀赋较好的地区，尽管税收分成调整后也形成了一定的财政紧平衡压力，但由于具有相对充沛的财力及丰富的要素禀赋来进行应对，当地政府对产能过剩行业的依赖度低于其他地区，因此对产能过剩行业企业的扶持效应也不强。为此，本章根据财政自给率大小与中值的比较对城市样本进行二等分。此处对地市样本的二等分不是根据1997年所有地市样本进行划分，而是按照各地市在各省财政自给率的高低进行划分。这种划分办法能够大致反映各地市的财政禀赋状况，但更重要的原因在于，地市税收分成的调整通常是一省一办法，同省的地市间比较更能够反映出财政禀赋差异所引起的异质性效应。分样本回归结果如表1-7第（3）（4）列所示。

可以发现，财政紧平衡压力对禀赋较差地区的冲击更大。原因在于，对于发展途径较为单一和贫乏的地区而言，其更多是通过引入产能过剩企业来稳定本地税收规模，而财政禀赋较为丰富的地区则可以积极利用各类资源来增加本地税收收入①，减弱财力冲击的不良影响。这一结论不仅进一步辅证了本章的主要实证结果，也表明增值税集权所形成的财政紧平衡压力对产能过剩行业的"援助之手"的前提条件是成立的，即当地方政府无法找到相应的替代性财政收入时，税收分成降低将带来明显的激励效应。

表 1-7 不同地区异质性效应

	lnnpec (1)	lnnpec (2)	lnnpec (5)	lnnpec (6)
dvat	−0.057	0.416	−0.130	0.268
	(0.160)	(0.514)	(0.181)	(0.258)
ldvat	0.169	0.310	−0.194	**0.606***
	(0.194)	(0.306)	(0.171)	**(0.202)**
ldvat 2	**0.458****	0.298	0.139	**0.779***
	(0.198)	(0.413)	(0.195)	**(0.238)**
R^2	0.356	0.370	0.317	0.403
样本量	1164	1185	1062	1287

注：括号内为地市聚类稳健标准误差；*、**、*** 分别代表 $p<0.1$、$p<0.05$、$p<0.01$。奇数列为较高水平的分样本回归，偶数列为较低水平的分样本回归；各实证回归中均加入了全部控制变量以及时间和地区固定效应。

---

① 如 2016 年 7 月 20 日国家税务总局举行新闻通报会，通报 2016 年上半年东部地区税收收入增长 12.2%，中、西部地区的增长为 4.9% 和 4.4%，并指出差距较大的主要原因是发展较好的现代服务业和高端制造业集中在东部。由此可以看出，东部地区发展经济和稳定税收的途径远多于中西部地区。资料来源：http://www.ctaxnews.com.cn/xinwen/toutiao/201607/t20160721_68955.htm。

五、备择竞争假说、路径与产能调控政策

（一）备择竞争假说

税收分成的变化也可能引起税收征管力度的变化，最终作用于工业企业发展规模，这存在两种可能。第一，下级政府面对更低税收分成时将提高税收征管水平。如汤玉刚和苑程浩（2010）指出，当出现上级对下级的财政收入竞争，即上级分成比例提高或对下级财政规制加强时，地方政府将提高税收征管强度来弥补纵向竞争损失。第二，更低的税收分成降低了地方政府的财政激励强度，地方政府将减小相关税收征管力度。如吕冰洋（2009）在无税收处罚下最优税权配置模型中，发现地方税收努力是其税收分成的增函数，即地方税收分成越大，地方越有动机加大税收征管力度，反之，当地方税收分成减少时，征管力度可能有所降低。吕冰洋（2016）等的实证结果进一步证实了这一点。

后者可能成为本章财政紧平衡压力效应的备择竞争假说。一个合理的逻辑推断是，当地市政府的增值税税收分成降低时，可能相应缺乏对工业企业的税收监管激励，从而降低地方实际增值税税负，而实际税负的降低最终吸引了足够的企业进入，使得本地区产能过剩行业过度发展。为此，本部分进一步讨论了增值税税收分成变化对增值税税收负担的影响：当增值税分成减少造成地市增值税税收负担降低时，那么可

认为税收征管力度变化是税收分成变化对过剩行业工业企业影响的另一条逻辑线索。

具体操作过程中，本章拟从微观和宏观两方面进行相关检验。微观方面，本章采用与陈晓光（2016）一致的增值税税收负担指标（vadtrate），即"应纳企业增值税税额"与"企业增值额"之比。同时，本章也观察了企业所得税税收负担指标（incmrate），即"应交所得税"与"企业增值额"之比，以判断政府在制造业企业方面的总体税收征管力度，实证结果如表1-8第（1）至（6）列所示[①]。宏观方面，本章拟观察税收分成变化对地市城市维护建设税规模的实证效应。选择城建税税收规模取对数（lncjs）作为被解释变量的原因在于，根据城建税计算公式[②]，其受地市增值税财政总量而非地方增值税留存收入的影响，因此在地市增值税总量数据难以获取的情况下，这一税种能够较好地反映增值税总量规模水平，当增值税征管力度减弱时，能够观察到城建税规模的显著减小。地市增值税税收分成对城建税的实证结果如表1-8第（7）至（9）列所示。

从表1-8第（1）至（6）列的企业微观证据可以看出，无论是对于增值税还是企业所得税而言，在面对增值税分成降低时，地方政府并没有显著地降低企业的增值税或企业所得

[①] 当期、滞后一期与滞后二期的混合回归基本一致，为简便未列出；微观数据使用了1998—2009年所有工业企业数据库企业层面样本，因此样本量增加到100万左右。

[②] 应交城建税=（增值税+营业税+消费税）×城建税税率。

表 1-8 备择竞争假说检验：税收征管力度

	vadtrate (1)	vadtrate (2)	vadtrate (3)	incmrate (4)	incmrate (5)	incmrate (6)	lncjs (7)	lncjs (8)	lncjs (9)
dvat	−2.037			−1.122			0.079**		
	(8.645)			(2.983)			(0.035)		
ldvat		12.844			2.701*			0.058**	
		(8.806)			(1.631)			(0.029)	
ldvat 2			−0.050			−0.586			−0.000
			(0.791)			(0.527)			(0.024)
R^2	0.001	0.001	0.001	0.000	0.000	0.000	0.871	0.873	0.872
样本量	1049744	1049744	1035486	1049746	1049746	1035488	1784	1769	1752

注：括号内为地市聚类稳健标准误；*、**、*** 分别代表 $p<0.1$，$p<0.05$，$p<0.01$。各实证回归中均加入了全部控制变量以及时间和地区固定效应。此处为企业层面数据，因此样本量达到百万级。

税税负；相反，表1-8的（2）(4) 两列一定程度地反映了分成减少使得地方政府提高了税收征管强度。①这一结果也得到了宏观层面城建税的证据支持，从表1-8的（7）(8) 两列可以看出，税收分成降低后，城建税税收规模有所扩大，这可能来自地方增值税税收征管力度的加强，而在滞后二期的减弱，则可能与税收规模扩大后的征管减弱有关。无论如何，根据表1-8的微观和宏观两方面的实证结果，并没有发现增值税分成减少显著降低了地方税收征管强度，那么也就不存在实际税负降低引起工业发展这一逻辑。相反，本章发现地市政府一定程度地加大了税收征管力度，这一结果与汤玉刚和苑程浩（2010）、陈晓光（2016）的研究结论一致，进一步说明产能过剩行业的规模扩大可能来自财政紧平衡压力带来的财政激励效应。②

为进一步提供财政紧平衡压力方面的证据，本章对地市政府引入产能过剩企业的税收收入效果也进行了分析。当这一行为确实能够稳定地方增值税收入时，说明地方政府引入产能过剩企业的行为是一种应对压力行为，此时被解释变量为地市增值税收入取对数 lnvatax。同时，本章还观察了增值税分成变化对地市企业所得税 lncitax 和营业税收入 lnbustax 的影

---

① 本章也使用了 Tobit 模型进行实证检验，结果显示增值税和企业所得税税负均不受增值税分成的影响。

② 本章也采用了田彬彬和范子英（2013）以及李明等（2016）的方法，利用企业税收规模除以利润总额来衡量税收负担，其结果与表1-8基本一致，即没有观察到税收负担有所下降，反而一定程度有所提高。

响,以进行安慰剂效应检验。① 对这三类税收的回归结果如表1-9所示,其中第(1)至(3)列被解释变量为增值税收入,第(4)至(6)列为企业所得税收入,第(7)至(9)列被解释变量为营业税收入。

从表1-9第(1)(2)列可以看出,当期和滞后一期的增值税分成降低显著地减少了地市增值税收入,这表明分成减少确实对地方增值税收入形成较大的负向冲击,造成了地方的财政紧平衡压力,而在第(3)列中滞后二期增值税分成变化的效果不再显著,结合表1-3中滞后二期增值税分成的正向促进作用,可以说明产能过剩企业的增加有效地弥补了增值税分成减少引起的税收缺口。同时,根据表1-9第(4)至(9)列的实证结果,增值税分成变化对其他税收并没有显著影响,这说明增值税收入的显著效应仅来自增值税分成变化,与其他经济类因素无关。此外,从企业所得税可以看出,增值税分成变化从当期和滞后一期系数为负转变为滞后二期系数为正,尽管回归系数没有通过显著性检验,但一定程度上说明产能过剩行业发展也带来了企业所得税的提高,而对营业税的回归则没有相应的效应趋势。

从表1-9可以看出,新增企业带来的增值税税收效应大大

---

① 其原因在于,企业所得税、营业税和增值税收入均与地方的经济和企业发展规模密切相关,但前两类税收与增值税分成的关联度不大,因此对这两类税收的回归可以排除其他可能影响本章实证结论的潜在经济变量的干扰。

表 1-9　产能过剩行业带来的税收效应

	lnvatax (1)	lnvatax (2)	lnvatax (3)	lncitax (4)	lncitax (5)	lncitax (6)	lnbustax (7)	lnbustax (8)	lnbustax (9)
dvat	−0.281*** (0.107)			−0.046 (0.091)			0.020 (0.060)		
ldvat		−0.287*** (0.075)			−0.037 (0.082)			−0.035 (0.067)	
ldvat 2			−0.102 (0.066)			0.023 (0.080)			−0.041 (0.052)
R^2	0.783	0.783	0.779	0.834	0.833	0.832	0.888	0.889	0.889
样本量	1874	1891	1907	1874	1891	1907	1874	1891	1907

注：括号内为地市聚类稳健标准误；*、**、*** 分别代表 $p<0.1$、$p<0.05$、$p<0.01$。混合回归时的结果基本相同，为简便未列出。地市各类税收数据来自 CEIC 数据库，该数据库从 2005 年开始报告，因此本表的回归样本期间为 2005—2011 年。各实证回归中均加入了全部控制变量以及时间和地区固定效应。

地缓解了增值税分成减少所形成的财力压力,而增值税分成变化对其他税收则无明显效应,这进一步表明本章的产能过剩发展效应并非来自其他经济变量的影响,而仅来自税收分成的变化,验证了增值税分成变化与其他经济因素的外生性。

(二)企业形成路径

产能过剩行业拥有相当的利润和税收优势,这使得较多的企业进入这类行业。为此,本章探究了新增企业中民营企业、国有企业和外资企业的作用,以判定企业形成的路径。本章在实证模型中分别加入了新增民营企业数量取对数 $lnnpri$、新增国有企业数量取对数 $lnnsoe$ 以及新增外资企业取对数作为控制变量进行路径分析。当地方政府主要依赖某类企业支持产能过剩行业的发展时,加入这一控制变量后核心解释变量的显著性或回归系数将显著降低,这类似于工具变量估计的排除限制检验。实证结果如表1-10所示。

表1-10 税收集权对产能过剩行业的路径分析

	$lnnpec$ (1)	$lnnpec$ (2)	$lnnpec$ (3)	$lnnpec$ (4)
	(一)民营企业的路径分析			
$lnnpri$	0.463***	0.466***	0.463***	0.462***
	(0.018)	(0.018)	(0.018)	(0.019)

续表

	lnnpec (1)	lnnpec (2)	lnnpec (3)	lnnpec (4)
dvat	−0.073 (0.165)			−0.085 (0.167)
ldvat		−0.196 (0.129)		−0.196 (0.132)
ldvat 2			−0.042 (0.118)	−0.062 (0.118)
（二）国有企业的路径分析				
lnnsoe	0.628*** (0.024)	0.632*** (0.024)	0.629*** (0.024)	0.628*** (0.024)
dvat	0.031 (0.100)			0.047 (0.106)
ldvat		0.166 (0.112)		0.188 (0.116)
ldvat 2			0.226* (0.120)	0.254** (0.124)
（三）外企的路径分析				
lnnfoe	0.439*** (0.030)	0.441*** (0.030)	0.433*** (0.030)	0.433*** (0.031)
dvat	−0.140 (0.114)			−0.102 (0.121)

续表

	lnnpec (1)	lnnpec (2)	lnnpec (3)	lnnpec (4)
ldvat		0.194		0.230
		(0.132)		(0.141)
ldvat 2			0.412***	0.437***
			(0.145)	(0.151)

注：括号内为地市聚类稳健标准误；*、**、*** 分别代表 $p<0.1$、$p<0.05$、$p<0.01$。其中 lnnsoe 为新增国有企业数量加 1 后取对数变量，lnnfoe 为新增外企数量加 1 后取对数变量；lnnpri 为新增民营企业数量加 1 后取对数变量；各实证回归中均加入了全部控制变量以及时间和地区固定效应。

可以看出，三类新增企业变量估计系数均在 1% 水平上显著为正。然而，与表 1-3 第（3）（4）列中 ldvat 2 变量的回归系数相比：表 1-10 中第（一）栏第（3）（4）列中 ldvat 2 系数明显变小，不再显著；第（二）栏第（3）（4）列中 ldvat 2 系数大小约减少 40%，且显著性降低；第（三）栏结果基本无差异。这意味着新增产能过剩企业基本上是以民营企业和国有企业的形式出现的，而与外资企业无关。这一现象形成的原因可能在于：第一，当国内资本观察到产能过剩行业具有更高的利润水平且受到政府的格外支持时，容易盲目加大相关投资，而外资可能对这类行业保持着谨慎态度，预期未来利润空间可能减小；第二，石化炼焦、化学纤维等相当部分制造业属于限制外商投资行业，因此只能通过内资企业进入；第三，相较于国内资本,外资受到的扭曲性干预较小,其要素扭曲更弱,偏离市场的行为更少。可以认为,地方政府主要通过支持内资企业来应对财政紧平衡压力,这也是导致当前产能过剩企业集中体现在民营企业和国有企业的重要原因。

这一结论与产业转型升级课题组(2017)的研究结论一致,他们比较了不同所有制企业的产能利用率,发现产能利用率较高的内资企业比例较低,而外资企业较高。当然,这一结论也验证了发展中国家的企业易对有前景的产业产生共识而出现投资上的"潮涌"现象这一特征事实(林毅夫,2007;林毅夫等,2010;白让让,2016),但与他们不同的是,本章认为这种现象很大程度上来自地方政府的支持,这与周辰珣和孙英隽(2013)的观点一致。需要指出的是,国有企业的退出机制障碍(白让让,2016)可能妨碍市场的自发调整和出清过程(高善文,2016),这将提高过剩产能的化解难度。

(三)产能调控政策有效性分析

自2000年后,产能过剩问题已逐渐引起中央政府的注意和重视,在本章的实证研究时间内,化解产能过剩的相关调控政策已经推出不少,其中最主要的是以下三项政策文件。①

---

① 本章所指的化解产能过剩的政策只限于在政策标题出现"化解产能过剩""生产能力过剩"等关键词的文件,对一些落后产能的化解政策不在本章研究范围。这三项政策也与同类文献的总结一致,可参考李正旺、周靖(2014)的详细政策汇总。

第一，2003年12月23日《国务院办公厅转发发展改革委等部门关于制止钢铁电解铝水泥行业盲目投资若干意见的通知》，指出钢铁、电解铝和水泥行业的投资增速过快，出现了盲目投资、低水平重复建设和违法生产现象。为减少生产能力过剩、市场无序竞争等问题，文件提出要运用经济、法律、行政手段，采取有力措施，迅速遏制这些行业的盲目投资和低水平重复建设势头，促进其健康发展。

第二，2006年3月12日《国务院关于加快推进产能过剩行业结构调整的通知》，其中指出"钢铁、电解铝、电石、铁合金、焦炭、汽车等行业产能已经出现明显过剩；水泥、煤炭、电力、纺织等行业目前虽然产需基本平衡，但在建规模很大，也潜在着产能过剩问题"。这一通知也针对以上行业分别提出了具体的调整产能过剩行业结构的政策指导和意见。

第三，2009年9月26日《国务院转批发展改革委等部门关于抑制部分行业产能过剩和重复建设引导产业健康发展若干意见的通知》，其中指出产能过剩行业包括钢铁、水泥、平板玻璃、煤化工、多晶硅、风电设备，以及电解铝、造船、大豆压榨等行业，并提出了抑制产能过剩和重复建设的主要原则和重要导向，明确指出要按照《中共中央办公厅 国务院办公厅印发〈关于实行党政领导干部问责的暂行规定〉的通知》，"对违反国家土地、环保法律法规和信贷政策、产业政策规定，工作严重失职或失误造成重大损失或恶劣影响的行为要进行问责，严肃处理"。

根据以上政策文件可以看出，2003年以来中央政府逐步采取了各种政策手段试图化解产能过剩问题，但其效果如何，值得探讨。为此，本章采用模型（1-2）进行实证分析。

$$lnnum_{ijt} = \gamma \times dvat_{it} \times D_{jt} + \alpha_0 \times dvat_{it} + \\ \alpha_1 \times D_{jt} + X\beta + \delta_i + \mu_j + \tau_t + \varepsilon_{ijt} \quad (1-2)$$

模型（1-2）为各地市行业层面的面板模型，其中被解释变量 $lnnum_{ijt}$ 为地市 i 于时间 t 在产能过剩行业 j 中的新增企业数量加 1 后取对数处理。$D_{jt}=1$ 表明行业 j 在中央政策文件中被视为产能过剩行业，需要调控化解产能，即其为本部分的处理组行业样本。由于此时将实证样本限制在地市产能过剩行业，因此 $D_{jt}=0$ 意味着在时间 t 虽然没有被中央政策指出需要化解但仍属于产能过剩的行业，那么此时的 γ 能够直接反映出中央化解产能过剩行业的政策处理效应，当中央政府的化解产能过剩政策能够显著抑制税收集权的促进效应时，γ 显著小于 0。最后，δ_i 为地市固定效应，τ_t 为年份固定效应，μ_j 为行业固定效应，ε_{ijt} 为误差项。

为此，本章再次对工业企业数据库进行整理。首先将实证样本限制在所有产能过剩行业，其次计算了各地市在各产能过剩行业新增的工业企业数，最后根据中央政策通知中指出的行业在不同的时间点设置 D_{jt}：产能调控政策分别发生在 2004 年、2006 年和 2009 年，由于我们无法判定政策发生后是否持续生效，本章构造D_{jt}变量的方法可以分为两大类。其一，一旦t年中央产能调控政策中包括了行业j，那么有$D_{jt} = D_{j(t+1)} = D_{j(t+\ldots)} = 1$，否则为0；其二，一旦$t$年中央产能调控政策中包括了行业$j$，且下一中央调控政策发生在$t+n$年，那么有$D_{jt} =\ldots= D_{j(t+n-1)} =1$，否则为0。这两种构建方法的区别在于，前一种认为已有政策确定需要重点化解该行业产能问题时，该政策将一直有效；后一种则认为政策具有一定的时效性，行业受政策处理的有效期为下一项政策出台前。此外，由于产能调控政策对应的是水泥、电解铝和钢铁等具体行业，而根据工业企业数据库汇总的地市样本对应的是行业总指标①，因此本部分分别将产能调控政策中对应的具体行业匹配到工业企业数据库中的大行业指标下，如水泥对应于非金属矿物制品业，电解铝对应于有色金属冶炼及压延加工业，钢铁对应于黑色金属冶炼及压延加工业。同时需要说明的是，汽车、纺织、风电设备、造船和大豆压榨虽然属于以上三项调控政策中指出的产能过剩行业，但不属于本章实证分析中的产能过剩行业，因此对其进行了剔除。将根据不同方法构建的D_{jt}代入模型（1-2）后，实证结果如表1-11所示。

---

① 根据每个具体行业来计算地市新增企业数会造成大量样本的变量为0，数据量过大时容易放大回归时的共线性问题，因此本部分选择了上一级行业分类进行汇总，这也保证了该行业分类与前文实证中行业分类的一致性。

表 1-11 财政激励与产能调控政策有效性分析

	lnnum (1)	lnnum (2)	lnnum (3)	lnnum (4)	lnnum (5)	lnnum (6)	lnnum (7)	lnnum (8)
dvat*D	-0.184			-0.211	-0.192			-0.220
	(0.148)			(0.149)	(0.148)			(0.149)
ldvat*D		-0.111		-0.114		-0.063		-0.063
		(0.180)		(0.180)		(0.179)		(0.180)
ldvat2*D			-0.155	-0.154			-0.102	-0.100
			(0.130)	(0.131)			(0.130)	(0.131)
dvat	0.164***			0.178***	0.169***			0.182***
	(0.061)			(0.062)	(0.062)			(0.062)
ldvat		0.098		0.134**		0.090		0.128**
		(0.061)		(0.062)		(0.062)		(0.062)

续表

	lnnum (1)	lnnum (2)	lnnum (3)	lnnum (4)	lnnum (5)	lnnum (6)	lnnum (7)	lnnum (8)
ldvat 2			0.239***	0.261***			0.227***	0.249***
			(0.062)	(0.063)			(0.063)	(0.063)
R^2	0.296	0.294	0.296	0.298	0.294	0.293	0.294	0.296
样本量	9461	9445	9320	9287	9461	9445	9320	9287

注：括号内为稳健标准误；*、**、***分别代表 $p<0.1$，$p<0.05$，$p<0.01$。其中第（1）至（4）列为采用第一种方法构建的 D_{jt}，第（5）至（6）列为采用第二种方法建的 D_{jt}，被解释变量为地市各产业剩余行业新增企业数量加1后取对数。各实证回归中均加入了全部控制变量以及时间、地区和行业固定效应。

从表1-11可以看出，第（1）至（8）列中各滞后期与D变量的交叉项对应的回归系数γ均为负值，但并不显著，而各期增值税分成变化的影响仍基本保持显著为正。这表明在地方财政激励动机下，当前的产能调控政策没有实质性地发挥作用，无法有效抑制调控行业中新企业的增加[①]。这与现实发展相一致，例如尽管2015年以来中国政府积极推进供给侧结构性改革，同时国务院办公厅在2016年5月印发了《关于促进建材工业稳增长调结构增效益的指导意见》，但当前"国内水泥产能严重过剩的局面仍在加剧"[②]。

其中的关键在于，产能过剩行业作为缓解地方财政紧平衡压力的主要工具，对其加以调控的政策不符合地方政府的短期利益。如宋凤轩等（2015）对河北省过剩产能化解的研究发现，化解产能过剩将导致河北省在2014—2017年全省财政收入减少338.22亿元。在切身利益的驱策下，地方政府可以积极通过降低市场准入、弱化环境监管、提供低价工业用地、放松项目审批以及实施宽松的信贷政策等方法弱化中央调控政策，导致政策无法真正"落地"而失去应有效力。本章认为这是目前中国产能过剩问题治理难的根本症结所在。

综合以上实证研究结果可以得出，地方财政紧平衡压力

[①] 本部分也考虑了2009年政策效果可能无法显现的情形，通过删除2009年样本和不考虑2009年政策两种办法进行了验证，发现结论仍与表1-11一致。

[②] 资料来源：http://stock.jrj.com.cn/2016/09/05160021416770.shtml。

是中国产能过剩问题愈演愈烈的重要原因，需要在现阶段供给侧结构性改革中予以重视。如何制定合理的配套措施，从而保障产能调控政策能够最低程度地受到地方财政激励的摩擦影响，是中央政府相关政策制定时亟须解决的关键问题。

六、结论及启示

本章集中探讨了由地市增值税税收分成减少引起的财政冲击对产能过剩行业的影响。实证结果表明，地方政府在应对财政紧平衡压力时，将积极引入具有高增值税税收收益属性的产能过剩行业企业，可以认为财政紧平衡压力对地方政府形成了一种财政激励效应。同时，本章验证了增值税分成变化对增值税税收征管水平的影响，发现分成减小并不会带来征管力度的弱化，也即过剩行业等工业的发展不是来自实际税负水平的降低。另外，本章还发现产能过剩企业的引入确实能够有效地缓解由增值税税收分成降低所引起的增值税税收减少，这揭示了地方政府发展产能过剩企业的最直接原因，也验证了本章基本逻辑的成立，即应对财政紧平衡压力式的发展策略。对产能过剩行业发展的途径加以分析可以发现，内资企业在其中发挥着重要作用。最后，本章发现中央化解过剩产能的政策容易被财政紧平衡压力所扭曲而无法发挥出实际作用，这是当前产能过剩行业难以治理的根本性原因。综合以上内容，本章提出如下建议，以期为当前的供给侧结构性改革贡献一定的参考价值。

第一,当前产能过剩行业的形成很大程度上来自地方政府的财政激励。由于这些行业给地方政府带来了充分的税收利益,因此地方政府愿意对其加以支持,以应对税收分成减少形成的财政紧平衡压力。相同逻辑,当产能化解可能对地方财力产生不利影响时,受财政紧平衡压力预期的影响,地方政府很可能采取消极态度来化解产能过剩问题,这不利于中国产业结构的转型升级。因此,推动供给侧结构性改革,简单地依靠地方政府的自身经济理性可能难以奏效。中央政府可考虑同时引入对地方官员的相关激励措施,对积极化解过剩产能的地方官员予以合适奖励,同时对持续严重依赖产能过剩行业发展而不作为的地区官员予以一定惩罚,通过经济机制的设计更有效地实现目标。

第二,由于国际形势变化和产能的持续扩大,2013年前后产能过剩行业出现了利润明显下降的状态。受益于供给侧结构性改革的持续推进,钢铁、水泥以及煤炭等行业利润已经开始好转。以水泥行业为例,根据工信部数据,2016年水泥行业已经触底反弹,行业实现利润518亿元,同比大幅增长55%;2017年上半年水泥行业的利润达到333.6亿元,同比增长248%,但总体而言,目前行业产能过剩率依然较高,去产能问题尚未得到根本上的解决。此时仍必须坚持供给侧结构性改革,从全局上加以严控,否则地方政府可能继续发展这类行业,进而造成更大程度的产能过剩,形成更大规模的资源错配和效率损失。

　　第三，目前供给侧结构性改革中的去产能措施类似于"负面清单"管理。在这一背景下，一些战略性新兴行业，如碳纤维、锂电池等产业开始被各地大量引入，且已经隐隐形成了产能过剩局面。尽管这些行业目前保持着一定规模的利润与税收，但随着地方政府的不断支持和社会资本的持续流入，若不加以适当的宏观调控和产业布局，其也可能重蹈钢铁等行业的覆辙。因此推进供给侧结构性改革不仅应针对当下，更应具有长远意识。中央政府应积极发挥宏观调控功能，深化供给侧结构性改革，拓宽其内涵和范畴，妥善布局新兴产业结构，防范地方政府在财政激励下诱发新一轮产能过剩。

　　财政是国家治理的基础和重要支柱，基本的财力保障是地方政府施行各类改革政策与措施的基础，财政紧平衡压力的出现必然会改变政府行为，甚至可能反过来制约改革进程，这无论在当前还是未来的中国改革进程中都必须加以注意。当然，这一问题的根本解决仍依赖于推进国家治理体系和治理能力现代化，要建立完善的现代财政制度，规范和约束地方政府的行为活动，转变其行为模式，减弱其对财政紧平衡压力的过度反应。

第二章　财政紧平衡与地方支出结构*

一、引言

中国正处于大规模减税降费的历史阶段。以主体税种增值税为例，2018年5月起制造业及交通运输等行业增值税税率在原有基础上下调1%，2019年4月进一步下降；制造业等行业原有的16%增值税税率降为13%；交通运输、建筑、房地产等行业由10%税率降为9%。除增值税外，中国近年来在企业所得税、个人所得税以及社保养老缴费等方面均实施了减负新措施，如2018年起将享受减半征收企业所得税的年应纳税所得额标准从50万元提高到100万元；2018年10月起提高个人所得税免征额，并适用了新的税率表；2019年5月起降

---

* 本章原载《财贸经济》2020年第7期，题为"财政压力与地方政府行为——基于教育事权改革的准自然实验"，合作者黄晓虹。收入本书时有修改。对合作者的贡献，在此一并致谢。

低城镇职工基本养老保险单位缴费比例，缴费比例高于16%的省份可降至16%。

大范围及高强度的减税降费引发了各界对财政可持续问题的担忧。2018年12月全国财政工作会议提出要"优化财政支出结构，树立过紧日子的思想"；2019年1月11日的国务院常务会议进一步强调"各级政府和部门要把一般性支出坚决压下来，牢固树立过'紧日子'的思想"。尽管过"紧日子"的说法在媒体报道和政策报告等形式中广被提及，但在这种"紧日子"的财政紧平衡压力环境下地方政府究竟会表现出什么样的行为倾向，相应的实证证据较为匮乏。

在这一背景下，本章以2010年教育支出改革为准自然试验，检验了财政紧平衡压力对地方政府行为偏向的影响。2010年7月29日，中国政府推出《国家中长期教育改革和发展规划纲要（2010—2020年）》，其中第十八章第五十六条指出要"加大教育投入"，并明确提出"提高国家财政性教育经费支出占国内生产总值比例，2012年达到4%"。为了实现这一目标，地方政府需要在极短时间内迅速提高教育支出规模，这对地方政府造成了财政紧平衡压力，并将对其收支行为产生直接影响。本章实证结果表明，2010年教育支出改革冲击显著地提高了地方教育支出规模，在这一过程中，地方政府并没有提高财政收入或加大对土地财政的依赖，而是直接改变支出结构，减少了其他类财政支出的增长规模。在对冲击效应进行时间检验时，本章发现冲击效应主要形成于2011年，在2012年国家性教育经费支出达到4%目标后,地方教育支出规模实现了相对稳定,没有继续保持原有增长速度。

本章的边际创新及贡献主要体现在以下三点。第一,财政紧平衡压力的度量是研究中国压力式财政激励实证文献的难点和重点,其中关键是解决该指标与被解释变量之间的内生性干扰。近年来不少文献开始从准自然试验的角度进行尝试。据观察,目前关于财政紧平衡压力的实证类文献大部分以财权变化为切入点(Han & Kung,2015;陈晓光,2016;席鹏辉等,2017),而关于事权变化的相应研究寥寥。本章创新性地选择了教育事权改革冲击,观察财政事权变动所引致的财政紧平衡压力冲击效应。这也为当前及未来中国政府间事权划分及改革提供了思考及借鉴,"清理规范重点支出"能够在短期内有效缓解地方尤其是基层财政紧平衡压力。

第二,从已有研究成果看,大部分文献更为关注财政紧平衡压力对政府收入端的影响(陈思霞等,2017;Chen,2017),或讨论了财政紧平衡压力对税基及经济结构的影响,或讨论了对不同税种税收征管的影响,但对支出端的探讨却被疏忽了。本章系统地检验了财政紧平衡压力对政府收支行为的影响,发现财政支出端的调整也是缓解地方财政紧平衡压力的重要手段,从而一定程度拓宽了财政紧平衡压力效应的讨论范畴。这也说明财政紧平衡压力是影响地方支出结构的重要变量,因此,相较于以往从政治制度、财政体制或经济发展水平等角度讨论公共支出结构的研究(Faguet,2004;

Potrafke，2010；Castro，2017；龚锋和卢洪友，2019），本章是关于政府支出结构形成文献的一个补充。

第三，本章也为中国财政支出结构的优化提供了一定参考。在财政紧平衡压力下，地方政府往往会牺牲某部分支出去支持农业、教育、科技等重点支出活动，这不仅造成了公共服务供给的结构性短缺，更重要的是，地区间财力不均的客观现实容易加剧公共服务供给水平不均等程度。因此，支出结构的优化和效率的提升必须将地方财政紧平衡压力这一重要因素考虑进来。

本章余下部分安排如下：第二部分主要交代了教育事权改革的基本背景，并归纳总结了已有文献和研究基本现状；第三部分介绍了本章的实证策略和数据说明；第四部分是基准回归结果和稳健性检验；第五部分检验了财政紧平衡压力对地方政府收支行为的影响；第六部分主要分析了教育事权冲击效应的主要发生时间和持续性效应；第七部分是结论和政策建议。

二、基本背景与文献回顾

教育是国家发展的重要战略和根本大计，教育经费的投入是教育战略地位的最基本保障。教育经费主要来源于国家财政性拨款，在以经济建设为中心的发展过程中，中国政府支出结构形成了较为明显的"重发展轻民生"格局（傅勇和张晏，2007；尹恒和朱虹，2011），这导致了中国教育经费处于长期投入不足的状态（岳昌君和丁小浩，2003；袁连生，2009）。中共中央、国务院于1993年2月13日首次印发了《中国教育改革和发展纲要》，在确定中国未来一段时期内的教育发展目标和任务基础上，提出了教育改革的具体措施和政策，其中第48条提出要"逐步提高国家财政性教育经费支出占国民生产总值的比例，本世纪末达到百分之四，达到发展中国家八十年代的平均水平"。遗憾的是，在中国经济发展模式和财政支出格局没有根本转变的情况下，这一目标并未实现。如图2-1所示，2000年国家财政性教育经费占GDP比重为2.56%，之后年份该比重一直处于2.80%左右，在2007年超过3%，但直至2010年才达到3.5%。[①]

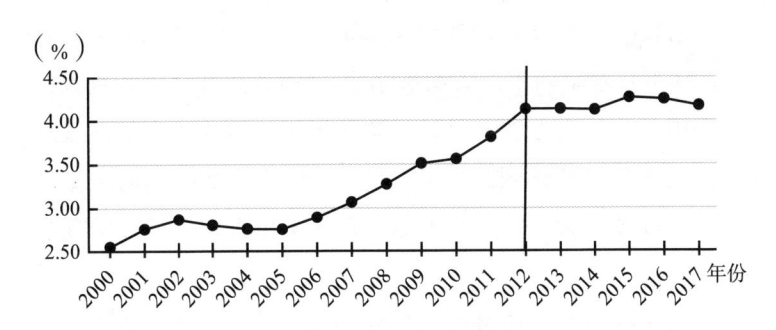

图2-1　2000—2017年国家财政性教育经费占GDP比重趋势图

[①] 数据来源：各年《教育部 国家统计局 财政部关于全国教育经费执行情况统计公告》。

2010年7月29日，中国政府颁发了第二个中长期教育规划和纲领性文件——《国家中长期教育改革和发展规划纲要（2010—2020年）》（以下简称《纲要》），提出了2020年基本实现教育现代化的战略目标，并在第十八章第五十六条要求"加大教育投入……要健全以政府投入为主、多渠道筹集教育经费的体制，大幅度增加教育投入"，同时明确提出了"提高国家财政性教育经费支出占国内生产总值比例，2012年达到4%"。

这一规定本质上是法定支出的一种延伸。实际上，教育支出长期以来均属于法定重点支出。该政策始于1985年5月的《中共中央关于教育体制改革的决定》，该决定提出"在今后一定时期内，中央和地方政府的教育拨款的增长要高于财政经常性收入的增长，并使按在校学生人数平均的教育费用逐步增长"。挂钩支出的法定化真正形成于1986年的义务教育法，其第六章第四十二条明确指出，"国务院和地方各级人民政府用于实施义务教育财政拨款的增长比例应当高于财政经常性收入的增长比例，保证按照在校学生人数平均的义务教育费用逐步增长，保证教职工工资和学生人均公用经费逐步增长"。

尽管挂钩支出通过法律形式确定下来，但这一法定支出要求并没有得到地方政府的配合，至2000年仍未实现1993年提出的4%目标。同时，如图2-1所示，这一比重较长时间内保持在稳定水平，甚至在2002—2005年出现了一定幅度的下降。这也是 2010 年中国政府颁布《纲要》的基础背景,其中直接提出国家财政性教育经费支出占 GDP 比重要在 2012 年实现 4% 这一目标。

相较于 1993 年文件,2010 年《纲要》不仅明确了政府教育投入目标和具体完成时间,更得到了党中央的全力支持,目标的完成具有强制性,使教育投入成为极具约束力的"法定支出"。2009 年 1 月 4 日,时任中国国务院总理温家宝在国家科教领导小组会议上发表了题为《百年大计教育为本》的讲话,指出"研究制订《国家中长期教育改革和发展规划纲要》,是本届政府必须着力做好的一件大事",同时提出"在教育投入上要强调政府的责任……教育投入还要进一步增加";2010 年 7 月 13 日至 14 日,温家宝在全国教育工作会议上发表了题为《强国必强教 强国先强教》的讲话,指出"《纲要》特别提出到 2012 年要实现教育财政性支出占国内生产总值 4% 的目标,这表明了党和政府推动教育改革和发展的坚定决心"。

《纲要》对中国政府教育经费投入提出了坚决而明确的要求,中央和地方政府必须在短时间内扩大教育投入。从图 2-1 可以看出,自 2010 年《纲要》发布后,国家财政性教育经费在 2011 年和 2012 年超快速增长,其占 GDP 比重在 2012 年首次超过了 4% 的目标。2013 年,温家宝在全国两会政府工作报告中回首过去五年的主要工作时指出,"坚持实施科教兴国战略……优先发展教育事业。国家财政性教育经费支出五年累计 7.79 万亿元，年均增长 21.58%，2012 年占国内生产总值比例达到 4%"。

在这一过程中，地方政府承担了巨大的支出增长任务量。如表 2-1 所示，2010 年国家财政性教育经费规模是 14670.07 亿元，2012 年这一数值达到了 22236.23 亿元，增长 7566.16 亿元；其绝对主体部分为公共财政预算中教育支出，两年间增长 6824.61 亿元，占国家财政性教育经费增长额的 90.20%。同时期中国公共财政支出从 2010 年的 89874.16 亿元提高到 125952.97 亿元，增长 36078.81 亿元，教育支出增长额占公共财政支出增长额的比重为 18.92%，超过 2010 年教育支出占公共财政支出比重将近 4 个百分点。其中，地方财政支出占公共预算教育支出比重一直处于 80% 以上，因此这一巨大的教育支出事权变化主要由地方政府承担和"消化"[①]。2010—2012 年，中央教育支出规模提高了 1234.21 亿元，而地方教育支出规模提高了 5590.40 亿元，两年间地方教育支出增长额占地方公共财政支出增长额的比重达到了 16.79%，超过了 2010 年地方教育支出占地方公共财政支出比重约 2 个百分点，地方在公共财政支出中更加明显地倾向于教育支出。

---

① 地方教育支出是公共预算中教育总支出减去中央教育支出。其中，根据李振宇和王俊（2017）的计算，此处的中央教育支出中包括了对地方的转移支付，因此计算出的地方教育支出是不考虑中央转移支付的地方教育投入规模。

表 2-1 国家财政性教育经费目标实现具体构成情况表

单位：亿元

	2010年 (1)	2012年 (2)	增长额 (3)
国家财政性教育经费	14670.07	22236.23	7566.16
公共财政预算中教育支出	13489.56	20314.17	6824.61
中央教育支出	2547.34	3781.55	1234.21
地方教育支出	10942.22	16532.62	5590.40
公共财政支出	89874.16	125952.97	36078.81
地方公共财政支出	73884.43	107188.34	33303.91
公共财政预算中教育支出占国家财政性教育经费的比重	91.95%	91.36%	90.20%
公共财政预算中教育支出占公共财政支出的比重	15.01%	16.13%	18.92%
地方教育支出占公共财政中教育支出的比重	81.12%	81.38%	81.92%
地方教育支出占地方公共财政支出的比重	14.81%	15.42%	16.79%

注：教育支出数据来源于 2010 年和 2012 年《教育部 国家统计局 财政部关于全国教育经费执行情况统计公告》；财政支出数据来源于 2011 年和 2013 年《中国统计年鉴》。

中央给予地方政府完成这一目标的时间也极为紧迫。由于《纲要》发布于 2010 年 7 月 29 日，此时各地区 2010 年政府预算的基本规模已经确定，[①]地方政府只能改变 2011 年预算支出结构；同理，2012 年的教育支出安排也必须在 2011 年开始编制预算，并于 2012 年年初由全国人大会议审议通过。可以说，在中国的预算管理制度下，地方政府完成《纲要》目标的反应时间极短。这种短期内的支出扩张势必对地方财政造成巨大的财政紧平衡压力。实践界以及理论界不少学者均将这一具有法定支出性质的事权支出视为财政紧平衡压力的重要来源。实践界方面，如王余森（2005）根据对财政部门的审计发现，过多的法定支出项目"加剧了财政困难"，更使得一些欠发达地区的"财政状况雪上加霜"；刘海燕（2009）以湖南省湘西泸溪县为例，指出法定支出"加重了县乡财政的支出压力"，非但不能促进县域经济的发展，反而成了县乡财政的包袱；楼继伟（2013）指出了挂钩重点支出的弊端，"肢解了各级政府预算安排，加大了政府统筹安排财力的难度"[②]；卢大芳（2016）对 2014 年广西某县的法定支出进行了总结，认为不断增长的法定支出导致"收支矛盾日益突出""国库资金调度困难"等问题，"县级财力保障不足的矛盾非常突出"。从目前来看，中国的一些法定支出或重点挂钩支出对地方预算

---

① 尽管《纲要》在 2010 年 5 月就已经通过了国务院常务会议审议，但不会影响到 2010 年的预算基本格局。

② 资料来源：《经济日报》，http://paper.ce.cn/jjrb/html/2013-11/21/content_179159.htm。

的"肢解"和"结构化"是地方财政紧平衡压力的一个重要来源。

理论界方面,在已有的关于法定支出的规范研究中,不少文献均指出了这类支出对地方财政紧平衡压力和困难的影响。如马海涛(2004)在分析县乡财政困难的原因时,指出各种法定支出"在短期内却造成了支出刚性增长,县级财政紧平衡压力不断加重";袁星侯(2005)也直接指出,法定支出"使得地方政府对增量财力的支配权受到很大的限制","给各级、各地财政造成了巨大压力";闫海(2013)认为法定支出容易导致财政困难甚至财政赤字的扩大,指出法定支出"没有考虑纵向、横向财力分布的不均衡,导致本已非常困难的财政状况雪上加霜,而且当收入难以满足支出的需求时,只能诉诸赤字";中国财政科学研究院课题组也认为法定支出容易导致支出结构的固化,使"财政收支矛盾日益加剧"[①]。

在这一基础上,本章以 2010 年教育事权改革为准自然试验,分别从财政收入以及支出两个角度,检验了由事权变化所引起的地方政府行为变化,试图为当前及未来中国政府间事权改革提供相应思考及借鉴。

---

① 资料来源:《上海证券报》,http://mini.eastday.com/a/170220071553033.html。

三、实证策略与数据说明

(一)实证策略

本章主要利用双重差分模型(DID)分析2010年教育改革冲击对地方政府收支行为的影响。与传统DID不同的是,由于这一改革是同一时间点面向全国的冲击,因此无法根据是否受到改革冲击来设定处理组和控制组。一个解决办法是,可以利用受到改革冲击的强弱选择合适的连续型变量作为受冲击程度代理变量,利用这一程度变量与政策冲击时间作交叉项,获得改革的处理效应(Nunn & Qian, 2011)。具体的回归模型如式(2-1)所示。

$$y_{it} = \beta_0 + \beta_1 \times edurate_{i,t} \times policy_t + \beta_2 \times edurate_{i,t} + \beta_3 \times policy_t + X\gamma + \delta_i + \rho_t + \varphi_{jt} + \varepsilon_{it} \quad (2-1)$$

其中,y_{it}是地市教育支出的规模,此处取对数处理;$policy_t$表示2010年教育改革冲击的政策虚拟变量,由于教育改革时间点是2010年7月,而预算支出往往在前一年度年末已经编制完成,本年年初通过人大授权,因此2010年地方财政支出受到影响的可能性不大,可以认为改革冲击主要形成于2011年及之后年度,因此有$t \geqslant 2011$时,$policy_t=1$,否则为0。X为可能影响教育支出的经济社会变量集,本章加入了地方财政支出规模及人均 GDP 取对数变量以控制地区经济发展和财政基本水平对教育支出规模的影响，加入了第二产业比重及其平方项、第三产业比重及其平方项等产业结构变量以控制产业结构对地方教育支出的需求差异。此外，为了控制不同地市的地区差异，加入了地市固定效应 δ_i；为了控制不同年份的时间差异，加入了年份固定效应 ρ_t，为了控制不同年份省份政策差异的影响，加入了省份 j 与年份 t 的交乘固定效应 φ_{jt}。β_0 是常数项，ε_{it} 是残差项。

模型（2-1）的设定中，选择合适的强度变量 $edurate_{i,t}$ 是关键。由于 2010 年主要改革目标是在 2012 年国家教育支出占 GDP 比重达到 4%，那么可以选择在政策冲击之前教育支出占比已经达到 4% 的地区作为控制组，而未达到 4% 的地区作为处理组。这样处理的一个逻辑是，相对于 2010 年已经达到 4% 的地区，改革对那些教育支出占比尚未达到 4% 的地区具有更强的冲击力。需指出的是，这一设定并不意味着改革对那些已经达到 4% 目标的地区不具有任何影响。为了较为准确地判断强度变量的具体影响，可以设定强度变量 $edurate_{i,2010}$ 的计算公式如式（2-2）。

$$edurate_{i,2010} = \begin{cases} 0.04 - educationrate_{i,2010}, & \text{当} educationrate_{i,2010} < 0.04 \\ 0, & \text{当} educationrate_{i,2010} \geqslant 0.04 \end{cases}$$

（2-2）

其中 $educationrate_{i,2010}$ 为 2010 年各地市公共预算中教育支出占 GDP 的比重。在式（2-2）中，如果教育支出占 GDP 比重已经达到或超过 4%，那么有 $edurate_{i,2010}=0$，否则有 $edurate_{i,2010}=0.04-educationrate_{i,2010}$，也即当 $educationrate_{i,2010}$ 越低时，$edurate_{i,2010}$ 取值越大，地方财政收支活动受冲击程度可能越强。由于这一变量在不同年份对于同一地区为常数，在式（2-1）中将被地区固定效应所捕获，$policy_t$ 虚拟变量也被时间固定效应所捕获，因此式（2-1）可以表述为式（2-3）：

$$y_{it} = \beta_0 + \beta_1 \times edurate_{i,2010} \times policy_t + \\ X\gamma + \delta_i + \rho_t + \varphi_{jt} + \varepsilon_{it} \quad (2-3)$$

为了检验核心变量指标构建对实证结果的敏感度，本章也设定了 $edurate_{i,2010}$ 为虚拟变量：当 2010 年地区 i 达到教育支出占 GDP 比重 4% 的目标时，有 $edurate_{i,2010}=0$，否则为 1。可以预期，无论哪种指标的构建，相较于冲击影响较弱的地区，那些受到更强冲击的地区，教育支出规模将出现更加明显的扩大，预期式（2-3）中 β_1 应显著大于 0。

（二）数据说明

本章地市层面数据主要来自环亚经济数据有限公司（CEIC）数据库。由于 2007 年和 2008 年中国义务教育处于全面推广阶段,为了减少这类改革对本章实证结果的影响,本章样本时间选自2009年开始;同时,根据图2-1,2012年中国教育支出已经达到了4%,此时教育改革冲击效应已经结束,为了使改革前后样本时间长度保持一致,本章最终确定样本时间范围为2009—2012年,其中政策冲击始于2011年。为了减少行政级别差异对本章结果的干扰,本章删除了四大直辖市样本。拉萨市2010年的教育支出数据缺失,本章采用插值法计算补充。

如第二部分所指出,冲击可能影响地方政府的财政收入、土地出让收入等收入端,以及支出端规模或结构,因此本章还检验了冲击对增值税及营业税等各类税收收入和财政收入变量的影响,同时利用房地产开发投资额和住宅开发投资额检验了冲击对土地出让收入规模的影响,在支出端的分析中,受数据获取的限制,本章检验了冲击对科学技术支出、社会保障和就业支出以及医疗卫生支出这三类支出的影响。主要变量的描述性统计如表2-2所示。

四、实证结果及稳健性检验

(一)基准回归结果

表2-3报告了模型(2-3)的实证回归结果,其中第(1)至(3)列中$edurate_{i,2010}$变量是由式(2-2)构建的连续型变

表 2-2 主要变量的描述性统计

变量名称	变量定义	样本量	平均值	标准差	最小值	最大值
lneduexp	教育支出规模（百万元）取对数	1129	7.931	0.697	4.890	10.111
$edurate_{i,2010}$（1）	受冲击的强度变量，连续型变量	1132	0.014	0.009	0	0.032
$edurate_{i,2010}$（2）	受冲击的强度变量，虚拟变量	1132	0.837	0.369	0	1
policy	政策虚拟变量	1132	0.500	0.500	0	1
lnexp	财政支出规模（百万元）取对数	1130	9.633	0.651	6.938	11.977
lnsciexp	科学技术支出（百万元）取对数	1128	5.063	1.165	2.387	9.209
lnsecuexp	社会保障和就业支出（百万元）取对数	781	7.595	0.645	5.005	9.492
lnmediexp	医疗卫生支出（百万元）取对数	1130	7.057	0.653	4.263	9.262
lnpgdp	人均 GDP（元）取对数	1128	10.284	0.604	8.410	12.115
sgdprate	第二产业占比	1126	0.509	0.106	0.161	0.897
thgdprate	第三产业占比	1126	0.355	0.086	0.098	0.724

续表

变量名称	变量定义	样本量	平均值	标准差	最小值	最大值
lnvatax	增值税规模（百万元）取对数	1128	6.602	1.084	3.178	9.947
lnbustax	营业税规模（百万元）取对数	1126	7.192	1.081	4.520	10.648
lntax	税收收入规模（百万元）取对数	1130	8.432	1.056	5.565	11.798
lnrev	财政收入规模（百万元）取对数	1130	8.742	1.009	5.866	11.906
lnrealest	房地产投资额（百万元）取对数	1130	8.990	1.162	5.438	12.177
lnresid	住宅开发投资额（百万元）取对数	1125	8.700	1.168	−0.248	11.799

量，而第（4）至（6）列 $edurate_{i,2010}$ 变量为是否出现冲击的虚拟变量。可以看出，无论是哪类构建方法，相较于教育支出占GDP比重达到4%的地区，未达到4%的地市在改革冲击之后的教育支出规模都有显著提高。具体来看，当教育支出占GDP比重未达到4%时，其每降低1个百分点，冲击之后教育支出规模将明显提高2.18%左右；而相对于达到4%比重的地区，未达到这一比重的地区在改革后教育支出规模将明显提高3.4%左右。本章计算了不同构建方法获得的平均效应：当 $edurate_{i,2010}$ 采用连续型变量时，相较于控制组，处理组教育支出规模平均提高了 $217.8 \times 0.014 \approx 3.05$ 个百分点；当 $edurate_{i,2010}$ 采用虚拟变量时，处理组教育支出规模平均提高了 $3.4 \times 0.837 \approx 2.85$ 个百分点。这表明不同实证方法获得的平均效应较为接近，即相较于控制组，教育事权改革平均提高了地方教育支出规模2.9—3.1个百分点[①]。

（二）稳健性检验

1. 共同趋势检验

双重差分模型的一个基本前提是处理组和控制组具有共同趋势性，即在政策冲击发生之前，处理组和控制组本身不存在明显的趋势差异。此时可以采用式（2-4）作共同趋势检

[①] 本章也采用了2009—2015年长面板样本，其实证结果与表2-3保持一致。

表 2-3 教育支出目标改革对地方教育支出的影响

	lneduexp (1)	lneduexp (2)	lneduexp (3)	lneduexp (4)	lneduexp (5)	lneduexp (6)
$edurate_{i,2010} \times policy_t$	1.961**	2.547***	2.178***	0.044**	0.043***	0.034*
	(0.901)	(0.741)	(0.721)	(0.018)	(0.016)	(0.020)
是否包括控制变量	否	是	是	否	是	是
年份固定效应	是	是	是	是	是	是
城市固定效应	是	是	是	是	是	是
省份×年份交叉项	否	否	是	否	否	是
样本量	1129	1123	1123	1129	1123	1123
R^2	0.908	0.919	0.949	0.908	0.918	0.949

注：括号内为对地市的聚类稳健标准误，*、**、*** 分别表示 t 统计量在 10%、5%、1% 水平上显著。

验,其中$year_t$为代表年份的虚拟变量,在年份t时为1,否则为0。此处仍然分别报告两类方法构建的$edurate_{i,2010}$变量的回归结果,实证结果如表2-4第(1)(2)列所示。

$$y_{it} = \beta_0 + \sum_{t=2010}^{2012} \beta_{1t} \times edurate_{i,2010} \times year_t + X\gamma + \delta_i + \rho_t + \varphi_{jt} + \varepsilon_{it} \quad (2-4)$$

从表2-4第(1)列可以看出,β_{1t}在政策冲击时间点也即2011年之前并不显著,而在2011年及之后年份则开始显著。不仅如此,β_{12011}也明显高于β_{12010},这意味着2010年政策的出台导致了地方教育支出显著增长;同时,从β_{12012}的大小可以发现,2012年地方教育支出仍在扩大,但低于2011年的增长幅度,而第(2)列中β_{12012}的显著性有所降低。总的来说,可以认为处理组和控制组在政策冲击前具有相同的趋势。

2. 安慰剂效应检验

为了进一步观察处理组和控制组在非政策冲击时点的差异性,本章选择2011年改革发生之前的时间样本,即2007—2010年的地市数据,进行安慰剂效应检验,此时仍然按照之前办法确定处理组和控制组,但假设教育事权改革发生在2008年、2009年及2010年,采用连续型$edurate_{i,2010}$变量得到的回归结果分别如表2-4第(3)至(5)列所示。同时,本章也选择了教育事权改革4%目标实现之后即2012—2015年的地市样本进行安慰剂检验,此时分别假设教育事权改革发生在2013年、2014年及2015年,实证回归结果分别如表2-4第(6)至(8)列所示。

从各列实证结果来看,当假设教育事权改革发生在2008年时,处理组的教育支出规模反而有所降低,并没有产生本章观察到的提升作用,且随后假设当冲击出现在2009年和2010年时处理组和控制组并未出现明显的差异;根据2012—2015年样本回归的结果,可以发现在实现4%目标后,处理组和控制组也并未表现出明显的变化差异[①]。以上结果说明,教育事权改革具有足够的外生性,改革发生之前和之后这一效应并不存在。

3. 自选择问题

本章将2010年教育支出占GDP比重已经达到4%的地区作为控制组,将未达到这一比重地区作为处理组。不过,这一指标可能与地区GDP密切关联,即地区GDP规模越小,这一指标可能越容易实现,这使得那些严重依赖中央转移支付的地区更易成为控制组。一种可能是,GDP水平较高的地区具备更大的财力提高本地教育支出规模,而GDP水平较低的地区则不具备上述能力,也即可能存在其他因素导致经济发达地区呈现出更快的教育支出增长态势。尽管本章在基准回归模型中控制了人均GDP水平和产业结构等与地区经济规模直

---

① 采用 $edurate_{i,2010}$ 虚拟变量得到的实证结果与表2-4第(3)至(8)列保持一致。

表 2–4 稳健性检验 1：共同趋势检验和安慰剂检验

	lneduexp (1)	lneduexp (2)	lneduexp (3)	lneduexp (4)	lneduexp (5)	lneduexp (6)	lneduexp (7)	lneduexp (8)
$edurate_{i,2010} \times policy_t$			−2.943*** (0.838)	0.284 (0.884)	0.436 (0.941)	1.183 (0.816)	0.760 (0.675)	0.499 (0.744)
$edurate_{i,2010} \times year_{2010}$	0.638 (0.994)	0.026 (0.016)						
$edurate_{i,2010} \times year_{2011}$	3.091*** (0.878)	0.062*** (0.018)						
$edurate_{i,2010} \times year_{2012}$	1.989* (1.094)	0.032 (0.024)						
是否包括控制变量	是	是	是	是	是	是	是	是
年份固定效应	是	是	是	是	是	是	是	是
城市固定效应	是	是	是	是	是	是	是	是

续表

	lneduexp (1)	lneduexp (2)	lneduexp (3)	lneduexp (4)	lneduexp (5)	lneduexp (6)	lneduexp (7)	lneduexp (8)
省份×年份交叉项	是	是	是	是	是	是	是	是
样本量	1123	1123	1126	1126	1126	1127	1127	1127
R^2	0.949	0.949	0.911	0.909	0.909	0.728	0.727	0.727

注：括号内为对地市的聚类稳健标准误，*、**、*** 分别表示统计量在10%、5%、1%水平上显著。

接相关的基本变量,且安慰剂效应表明处理组和控制组差异主要形成于2011年,此处仍从以下方面提供稳健性检验。

首先,严重依赖中央转移支付的地区,不仅教育支出占GDP比重高于其他地区,其财政支出占GDP比重也应表现出更高水平。因此,为了消除中央转移支付对地方财力弥补功能的干扰,可以选择2010年地方教育支出占财政支出的比重衡量$edurate_{i,2010}$,这一指标在消除转移支付对地区财政支出规模的影响外,也能够反映地区教育支出的基本水平。与式(2-2)不同的是,此时难以根据这一比重来确定其教育支出占GDP比重是否超过4%,因此可以直接利用该指标与2011年政策冲击虚拟变量$policy_t$作交叉项回归,此时回归结果如表2-5第(1)列所示。这一方法可能出现的问题是容易将一些不受冲击影响的地区作为处理组,从而低估教育改革冲击的实际效果。为此,本章也根据这一指标的分布对其前后25%分位数及33%分位数水平确定$edurate_{i,2010}$的虚拟变量[①],当地区i在2010年教育支出占财政支出比重排名在全国前25%或33%时,有$edurate_{i,2010}=1$,当其排名在全国后25%或33%时,有$edurate_{i,2010}=0$,其余样本作删除处理。前后1/4和1/3的样本的实证结果分别如表2-5第(2)至(3)列所示。表2-5第(1)

[①] 出于简化而不失一般性,本章选择了前后1/4和1/3的样本作交叉项回归。

至（3）列中 β_1 均显著小于 0，即当地区 2010 年教育支出占财政支出比重越大时，2011 年改革冲击对其影响越小，这与基准回归结果一致；比较第（2）至（3）列结果可以发现，随着支出比重差距的加大，冲击影响变得更强。

其次，如果经济规模水平决定了这些教育支出占比更高的地区表现出更低的教育支出增长趋势[①]，且这一现象与 2011 年教育事权改革冲击无关，那么一个合理的推断是，即使在教育支出占 GDP 比重超过 4% 的样本中，教育改革冲击也会带来显著的差异性效应；反之，即如果不是经济规模起决定作用的话，在 4% 改革目标下，比重为 4% 的地市样本和比重更大的地市样本在应对冲击时不会表现出显著差异。为此，本章在删除 2010 年教育支出占 GDP 比重在 4% 之下的地市样本基础上进行了如下工作：一方面，在子样本中直接使用教育支出占 GDP 比重作为 $edurate_{i,2010}$，观察在超过 4% 比重的地市样本中，冲击是否随着比重的变化而出现差异性的影响，该部分实证结果如表 2-5 第（4）列所示；另一方面，根据这一指标的分布对其前后 25% 分位数及 33% 分位数水平确定

---

① 如可能存在的一种情况是，改革冲击发生之前中央政府对欠发达的专项转移支付主要集中在教育领域，像"国家贫困地区义务教育工程"主要针对的就是中西部省区的贫困地区。此类转移支付导致了这些地区无论是教育支出占财政支出比重，还是教育支出占 GDP 比重均处于较高水平，而受限于经济发展及地区财政状况，其教育支出规模在 2011 年表现出更低的增长趋势。由于无法获得样本期内教育类专项转移支付数据，因此在实证分析中难以控制这类变量的可能影响。

表 2-5 稳健性检验 2：自选择问题

	lneduexp (1)	lneduexp (2)	lneduexp (3)	lneduexp (4)	lneduexp (5)	lneduexp (6)
$edurate_{i,2010} \times policy_t$	−1.158***	−0.095***	−0.072***	0.465	−0.023	0.003
	(0.198)	(0.036)	(0.025)	(0.697)	(0.033)	(0.033)
是否包括控制变量	是	是	是	是	是	是
年份固定效应	是	是	是	是	是	是
城市固定效应	是	是	是	是	是	是
省份×年份交叉项	是	是	是	是	是	是
样本量	1123	562	744	179	91	117
R^2	0.952	0.936	0.941	0.980	0.993	0.989

注：括号内为对地市的聚类稳健标准误，*、**、*** 分别表示 t 统计量在 10%、5%、1% 水平上显著。

$edurate_{i,2010}$ 的虚拟变量,当 2010 年地区 i 的教育支出占 GDP 比重排名在子样本前 25% 或 33% 时,有 $edurate_{i,2010}=1$,当其排名在子样本后 25% 或 33% 时,有 $edurate_{i,2010}=0$,其余样本作删除处理。前后 1/4 和 1/3 的样本的实证结果分别如表 2-5 第(5)至(6)列所示,可以看出,在超过 4% 比重的样本中,2010 年改革冲击未对不同教育支出水平地区形成差异化影响。

4. 其他检验

本章也尝试利用工具变量法(IV)解决内生性问题。选择一个合适的外生变量是解决内生性的关键。为此,本章选择 2009 年教育支出占 GDP 比重与政策时间的交叉项作为工具变量,这是因为这一变量能够较好地反映 2010 年教育支出占 GDP 比重的基本情况,而不会对 2011 年的教育支出规模形成直接影响。此时的回归结果如表 2-6 第(1)至(2)所示,其中第(1)列为第一阶段回归结果,第(2)列为第二阶段回归结果。可以看出,第一阶段的回归结果显著为正,且 K-P Wald F 统计值达到 2046,远远超过 10,表明不存在弱工具问题;第二列系数仍然显著为正,且相较于表 2-3 第(3)列基准回归结果,系数明显变大,这表明基准回归结果系数存在一定的低估。另外,为减少反向因果的影响,本章也使用了 2009—2010 年教育支出占 GDP 比重的均值作为 $educationrate_{i,2010}$ 指标代入式(2-2)中判定处理组和控制组,其实证结果如表 2-6 第(3)列所示。最后,由于实证样本中对 2010 年拉萨市采用了插值法,为了减少这类方法对本章实证结果的干扰,此处删除了 2010 年拉萨市样本,此时实证结果如表 2-6 第(4)列所示。可以看出,各列结果均较为稳健,与基准回归结果保持一致[①]。

表 2-6 稳健性检验 3:IV 估计与其他检验

	$edurate_{i,2010} \times policy_t$ (1)	lneduexp (2)	lneduexp (3)	lneduexp (4)
$edurate_{i,2009} \times policy_t$	0.944*** (0.021)			
$edurate_{i,2010} \times policy_t$		2.720*** (0.908)	2.432*** (0.776)	2.178*** (0.720)
是否包括控制变量	是	是	是	是
年份固定效应	是	是	是	是
城市固定效应	是	是	是	是
省份 × 年份交叉项	是	是	是	是
样本量	1124	1123	1123	1120
R^2	0.988	0.949	0.949	0.949

注:括号内为对地市的聚类稳健标准误,*、**、*** 分别表示 t 统计量在 10%、5%、1% 水平上显著。

---

① 采用 $edurate_{i,2010}$ 虚拟变量得到的回归结果与表 2-6 一致,为简便未作报告。

五、实现路径的检验

第四部分实证结果表明,教育改革冲击显著提高了地市教育支出规模。如表2-1所示,尽管中央转移支付有所扩大,如中央财政教育经费从2010年的2547.34亿元提高至2012年的3781.55亿元,但由于地方财政教育经费是中国教育经费的主体,其支出规模远超过中央支出,这一基本格局决定了地方自身支出规模的提高是2012年目标实现的主要力量。中国地方政府的财政紧平衡压力主要形成于财权与事权的不对称,2011年教育事权改革明显地提高了地方政府的事权支出,而相应财权并没有得到保障,这意味着短期内教育支出规模的急剧提升将直接带来地方政府的财政紧平衡压力。地方政府如何缓解这一财政紧平衡压力,是本章需要回应的重点问题。

(一)提高税收收入规模

扩大地方税收收入不仅可以直接提高政府财力,同时还能扩大教育费附加和地方教育附加等费用的计算基数,因此为地方政府创造了强激励。如本书开篇指出,要尽可能实现这一目标,地方政府不仅可以积极招商引资,还可以强化增值税或营业税等税种的征管力度。为此,本章利用模型(2-3)观察了教育改革冲击对地方增值税收入($vatax$)、营业税收入($bustax$)、税收收入(tax)和财政收入(rev)规模及其占 GDP 比重的实际影响。一方面，当地方政府扩大经济规模应对财政紧平衡压力时，能够观察到冲击对地方税收或财政收入规模的正向促进作用；另一方面，当地方政府强化增值税或营业税的征管时，可以观察到冲击对税收或财政收入占 GDP 比重的影响。实证结果如表 2-7 所示，其中第（1）至（4）列被解释变量为各类收入规模取对数变量，第（5）至（8）列被解释变量分别为增值税、营业税、税收以及财政收入占 GDP 比重。

表 2-7 第（1）至（4）列结果显示，地方财政紧平衡压力的出现并没有导致增值税或营业税规模的提高，也没有显著地提高地方整体税收和财政收入；从第（5）至（8）列结果可以看出，财政紧平衡压力也没有导致各类税收占 GDP 比重的提高。可以认为，教育事权改革冲击并没有使得地方政府通过扩大税基或者强化征管的方式扩大地方财政或税收收入规模。值得一提的是，表 2-7 第（5）列表明该冲击反而降低了增值税占 GDP 比重。本章认为，随着 2011 年统一内外资教育费附加和地方教育附加的全面开征，企业负担有所提高，地方政府可能通过减弱增值税征管的形式以适当减轻企业整体税费负担。[①]

[①] 本章同时检验了 $edurate_{i,2010}$ 的虚拟变量构建方法对实证结果的影响，均未发现教育冲击显著提高了各类收入及其占 GDP 的比重；在这种构建方法中，教育冲击对增值税占 GDP 比重的影响也不显著，这不影响本章主要结论。

表 2-7 教育冲击对地方财政收入端的影响

	lnvatax (1)	lnbustax (2)	lntax (3)	lnrev (4)	vatrate (5)	bustrate (6)	taxrate (7)	revrate (8)
$edurate_{i,2010} \times policy_t$	-1.609	-1.124	-1.155	-0.079	-0.026**	-0.022	-0.054	-0.039
	(1.229)	(0.857)	(0.734)	(0.829)	(0.012)	(0.014)	(0.035)	(0.051)
是否包括控制变量	是	是	是	是	是	是	是	是
年份固定效应	是	是	是	是	是	是	是	是
城市固定效应	是	是	是	是	是	是	是	是
省份×年份交叉项	是	是	是	是	是	是	是	是
样本量	1122	1120	1124	1124	1122	1120	1124	1124
R^2	0.813	0.947	0.947	0.962	0.367	0.726	0.690	0.744

注：括号内为对地市的聚类稳健标准误，*、**、*** 分别表示 t 统计量在 10%、5%、1% 水平上显著。

(二)增加土地出让规模

中央政府也在政府性基金预算中对地方教育经费进行了保障。2011年6月《国务院关于进一步加大财政教育投入的意见》(下简称《意见》)第三条指出,"从2011年1月1日起,各地区要从当年以招标、拍卖、挂牌或者协议方式出让国家土地使用权取得的土地出让收入中,按照扣除征地和拆迁补偿、土地开发等支出后余额10%的比例,计提教育资金"。也即,除了在一般公共预算支出中有用于教育支出的国家财政经费安排,自2011年起在政府性基金预算支出中也必须安排相应比例的教育支出。在这一政策下,地方政府可能加大对土地财政的攫取,扩大政府性基金和其中安排的教育支出经费规模,以缓解教育事权改革对公共财政预算形成的财政紧平衡压力。

在地市政府性基金数据缺失的情况下,由于土地市场与房地产市场密切关联,房地产市场的繁荣是土地出让收入和盈余规模扩大的前提和基础(刘民权和孙波,2009),土地财政依赖程度也会显著地促进地区房地产开发投资水平(雷根强和钱日帆,2014),因此本章利用模型(2-3)观察了教育冲击对地市房地产开发投资额(realest)对数值的影响,实证结果如表2-8第(1)列所示。同时,由于住宅开发投资额是房地产开发投资的主要组成部分,因此本章也观察了教育冲击对住宅开发投资额(resid)的影响,实证结果如表2-8第(2)列所示。可以发现,教育事权改革对房地产开发投资额和住

宅投资额没有明显的影响。为进一步观察土地出让收入可能对地方财政紧平衡压力的缓解作用,可以利用模型(2-5):

$$y_{it} = \beta_0 + \beta_1 \times edurate_{i,2010} \times policy_t \times rate_{it} + \\ \beta_2 \times edurate_{i,2010} \times policy_t + \beta_3 \times rate_{it} + \quad (2-5) \\ X\gamma + \delta_i + \rho_t + \varphi_{jt} + \varepsilon_{it}$$

其中,y_{it}仍是公共预算支出中的一般教育支出规模,$rate_{it}$是房地产开发投资额或住宅开发投资额占GDP的比重,如果土地出让收入能够减少冲击对地方财政的压力,那么可以观察到β_1显著小于0,即土地市场的发展能够减少一般公共预算中教育支出的增幅。实证结果如表2-8第(3)至(4)列所示,可以看出,无论是房地产开发投资额占GDP比重,还是住宅投资额占GDP比重,其对应的系数β_1均为正且不显著。与表2-8第(1)至(4)列相对应,第(5)至(8)列为$edurate_{i,2010}$采用0-1虚拟变量的实证结果,两类结果的显著性一致。表2-8展示的结果说明,尽管中央政府要求地方政府从土地市场盈余部分计提10%,但并没有缓解冲击对地方所形成的财政紧平衡压力。

事实上,根据表2-1,公共财政预算的教育支出构成了国家教育经费的绝对主体部分。在2012年之前,公共财政预算投入的教育支出占国家教育经费比例均超过90%;而2012年之后,这一占比也基本稳定在87%以上,这意味着通过土地市场或者政府性基金预算补充国家教育经费的能力极为有限。

表 2-8 教育冲击对房地产市场的影响

	lnrealest (1)	lnresid (2)	lneduexp (3)	lneduexp (4)	lnrealest (5)	lnresid (6)	lneduexp (7)	lneduexp (8)
$edurate_{i,2010} \times policy_t \times rate_{it}$			5.926 (8.012)	12.807 (10.135)			0.084 (0.126)	0.170 (0.153)
$edurate_{i,2010} \times policy_t$	−0.299 (2.087)	2.735 (2.468)	1.503 (1.000)	1.166 (0.930)	−0.005 (0.065)	−0.024 (0.068)	0.024 (0.022)	0.020 (0.021)
是否包括控制变量	是	是	是	是	是	是	是	是
年份固定效应	是	是	是	是	是	是	是	是
城市固定效应	是	是	是	是	是	是	是	是
省份×年份交叉项	是	是	是	是	是	是	是	是
样本量	1124	1120	1123	1119	1124	1120	1123	1119
R^2	0.825	0.649	0.949	0.950	0.825	0.648	0.949	0.949

注:括号内为对地市的聚类稳健标准误,*、**、*** 分别表示统计量在 10%、5%、1% 水平上显著。

(三)调整财政支出

以上结果表明,在2010年教育事权改革冲击下,地方政府财政收入或者土地出让收入并没有相应提高,事权改革对地方政府形成了直接的财政紧平衡压力。在这一财政紧平衡压力下,最后一种解决办法是直接调整财政支出结构,通过压缩其他财政支出规模优先保障教育支出,如《意见》第二条提出了"各级人民政府要进一步优化财政支出结构,压缩一般性支出,新增财力要着力向教育倾斜,优先保障教育支出"。除了教育支出变量外,目前能够获取到的地市层面支出数据包括科学技术支出、社会保障和就业支出以及医疗卫生支出这三类指标数据,因此本章利用模型(2-3)观察了教育冲击对这三类支出的影响,实证结果如表2-9第(1)至(3)列所示。可以发现,2011年教育事权改革冲击对地方社保支出规模的影响显著为负,而对其他支出的影响并不显著,这意味着在实现教育占比4%过程中,地方是以牺牲社保支出的增长为代价的[①]。此外,地方政府也可能通过放大债务规模的方式直接提高支出水平。由于基准回归模型中控制了财政支出变量,因此理论上这一因素对本章实证结果的影响不大。但此处依然报告了教育冲击对财政支出规模的影响,实证结果如表2-9第(4)列所示,可以看出,2010年事权改革冲击

---

① 由于无法获得其他类型支出数据,本章实证结果只能表明社保支出的下降是实现教育目标的一种路径。其很可能并非唯一路径。

没有显著提高地方财政支出规模。

另一方面，由于影响科学技术支出、社会保障和就业支出以及医疗卫生支出的因素与影响教育支出的因素不完全相同，因此此处在已有控制变量集基础上，分别加入了不同控制变量作为各类支出的控制变量：对于科学技术支出，本章另外加入了地市高等学校数量和高等学校教师数量两个变量的对数，以控制住地方科研水平基本状况对政府科学技术支出需求的影响；对于社会保障和就业支出，本章另外加入了地方总人口规模对数、地区城市化率以及失业人数规模对数，以控制住人口规模、城市化水平以及失业人口规模对社会保障和就业支出的影响；对于医疗卫生支出，本章另外加入了地区总人口规模对数，城市化率，医院和卫生院数量对数以及医院和卫生院病床数对数，以控制住人口规模、城市化水平以及医院基本设施对医疗卫生支出刚性需求的影响。相应实证结果如表2-9第（5）至（7）列所示。可以看出，此时仍然只有社保支出对应的系数显著为负，而其他支出对应的系数并不明显[①]。

最后，本章进一步检验了教育事权改革冲击对各类支出实证结果的稳健性。参考第四部分所作说明，本章采用了第四部分中的工具变量对其他三类支出进行了检验，实证结果如表2-10第（1）至（3）列所示；此外，本章也采用了2009

---

① 本章对表2-9中各列也采用了 $edurate_{i,2010}$ 虚拟变量构建指标进行分析，其实证结论与表2-9各列实证结果一致，为简便未作报告。

表 2-9 教育冲击对其他财政支出的影响

	lnsciexp (1)	lnsecuexp (2)	lnmediexp (3)	lnexp (4)	lnsciexp (5)	lnsecuexp (6)	lnmediexp (7)
$edurate_{i,2010} \times policy_t$	−2.178	−3.496***	−0.289	−0.732	−2.021	−4.002***	−0.089
	(1.908)	(1.221)	(1.246)	(0.818)	(1.960)	(1.175)	(1.198)
是否包括控制变量	是	是	是	是	是	是	是
年份固定效应	是	是	是	是	是	是	是
城市固定效应	是	是	是	是	是	是	是
省份 × 年份交叉项	是	是	是	是	是	是	是
样本量	1123	781	1124	1124	1096	775	1100
R^2	0.803	0.799	0.880	0.941	0.802	0.783	0.879

注：其中第（1）至（3）列被解释变量分别为科学技术支出取对数、社会保障和就业支出取对数以及医疗卫生支出取对数。括号内为对地市的聚类稳健标准误，*、**、*** 分别表示 t 统计量在 10%、5%、1% 水平上显著。

年和 2010 年教育支出占 GDP 比重的均值作为 $educationrate_{i,2010}$ 指标代入式（2-2）中判定处理组和控制组，此时得到的回归结果如表 2-10 第（4）至（6）列所示。可以看出，表 2-10 展示的实证结果与表 2-9 中结果仍然保持一致，即社保支出对应的系数显著为负，而对科学技术支出和医疗卫生支出没有明显作用[①]。

由于社会保障和就业支出是刚性支出，相较于以往很难出现下降情况，因此其对应系数显著为负的一种可能解释是，在教育事权改革冲击之后，相较于控制组，处理组的社保支出增长规模出现了明显降低。同时，科学技术支出、医疗卫生支出均没有出现压缩的原因很可能与这两者的性质有关。根据《中华人民共和国科学技术进步法》第 59 条规定，"国家财政用于科学技术经费的增长幅度，应当高于财政经常性收入的增长幅度"，根据《关于完善政府卫生投入政策的意见》，"政府卫生投入增长幅度要高于经常性财政支出增长幅度，政府卫生投入占经常性支出比例要逐步提高"，本章认为，正是法定支出这一性质使得科学技术支出和医疗卫生支出的规模没有出现显著的减少。

从以上结果充分说明了，在实现 4% 目标的过程中，地方政府并没有提高财政收入或扩大土地出让收入规模，而是

---

① 采用了 $edurate_{i,2010}$ 虚拟变量得到的实证结论与表 2-10 各列实证结果一致，为简便未作报告。

表 2-10 对其他财政支出的稳健性检验

	lnsciexp (1)	lnsecuexp (2)	lnmediexp (3)	lnsciexp (4)	lnsecuexp (5)	lnmediexp (6)
$edurate_{i,2010} \times policy_t$	-2.091	-3.631***	0.531	-2.057	-3.518***	0.107
	(1.876)	(1.229)	(1.304)	(1.895)	(1.236)	(1.250)
是否包括控制变量	是	是	是	是	是	是
年份固定效应	是	是	是	是	是	是
城市固定效应	是	是	是	是	是	是
省份 × 年份交叉项	是	是	是	是	是	是
样本量	1123	780	1124	1123	781	1124
R^2	0.803	0.799	0.880	0.803	0.799	0.880

注：括号内为对地市的聚类稳健标准误，*、**、*** 分别表示 t 统计量在 10%、5%、1% 水平上显著。

减少了其他财政支出的增长。本章认为，这对于地方政府而言是最有效且最便利的应对方法：由于教育改革目标提出于2010年7月底，而目标期限在2012年年底，地方政府必须在短时间内组织相应经费以扩大投入。一方面，通过扩大税基或土地出让等组织财政收入的方式需要一定的过程和时间，如席鹏辉等（2017）发现增值税税收分成的滞后两期才会对企业形成和发展有所影响，因此这类方式很难满足急剧上升的支出需求；另一方面，地方教育附加和教育费附加已经一定程度地提高了企业税费负担，此时地方政府如果继续加强税收征管，可能不仅无法实现财政收入的提高，反而不利于税基的稳定和经济的长期可持续发展。在财政收入短期内无法快速提升的事实和财政收支平衡的基本原则下，财政支出规模很难得到明显扩大，地方政府的最优解只能是选择调结构的方式应对财政紧平衡压力，其中，尽管社会保障支出也是民生支出的重要内容，但财政紧平衡压力迫使地方政府牺牲这类支出。

六、进一步的讨论：冲击时与冲击后的效应

经过2011年和2012年地方政府对教育支出的不断倾斜，2012年国家财政性教育经费达到22236.23亿元[①]，当年GDP为

[①] 数据来源：《教育部 国家统计局 财政部关于2012年全国教育经费执行情况统计公告》。

538580亿元,教育经费占GDP比重达到了4.128%,实现了《纲要》制定的4%目标。2013年全国两会上,政府工作报告指出了过往五年的主要工作及特点,其中之一是"坚持实施科教兴国战略,增强经济社会发展的核心支撑能力,国家财政性教育经费支出五年累计7.79万亿元,年均增长21.58%,2012年占国内生产总值比例达到4%"。一个疑问是,在2012年国家财政教育经费占比达到4%后,地方教育支出规模是否仍保持明显增长? 还是在财政紧平衡压力下增长态势难以持续? 本部分试图解答这一问题。

(一) 教育支出当期和后期增长效应

为观察教育支出规模当期和后期发展状况,可以选择相邻两年地市样本,观察不同地区在不同年份的增长情况。具体地,在两年子样本中,以模型(2-3)中$policy_t$为下一年度的虚拟变量,如选择2012年和2013年子样本回归时,有$policy_{2013}=1$,$policy_{2012}=0$,此时通过估计出的β_1观察不同地区各年教育支出规模的增长情况。由于近年来政府性基金预算和一般公共预算的统筹力度加大,如2014年11月财政部《关于完善政府预算体系有关问题的通知》要求,自2015年1月1日起,"将政府性基金预算中用于提高基本公共服务以及主要用于人员和机构运转等方面的项目收支转列一般公共预算,具体包括地方教育附加……11项基金"。为了减少统计口径变化对实证结果的影响，本部分主要利用了2015年及之前的实证样本。

具体的实证结果如表2-11所示。在分析过程中，本章注意到以下几点：第一，采用2010年和2011年的子样本回归时，回归系数β_1急剧变大，且在1%水平上显著为正，这说明相较于2010年，教育支出占GDP比重低的地区在2011年迅速提高了教育支出水平，以确保2012年能够实现4%的目标。第二，在2012年及之后年份，相较于上一年，地方教育支出规模不再发生明显的变化，其回归系数β_1明显变小且不再显著，这意味着在达到4%目标后，地方教育支出规模没有继续保持之前的增长速度，这与地方财政能力有着密切关系。如第五部分所指出，实现这一目标的主要路径是降低其他类型财政支出规模的增长；在确保中央政策目标的实现后，地方政府需要满足其他支出需求，保持公共服务的供给水平。第三，相较于2011年，2012年教育支出占GDP比重低的地区的教育支出规模显著缩小，其中的原因可能是这些地区的教育支出占比在2011年已经有了明显提高，因此在2012年相较于其他地区的增长幅度有所减少。为了验证这一说法，此处也仅保留了2010年与2012年样本作分样本回归，实证结果如第（7）列所示。对比第（2）列可以发现，β_1仍然显著为正，但其大小和显著性都明显降低，这进一步说明了改革冲击的主要效应发生在2011年。

表 2-11 不同冲击时间的教育支出增长效应

	\(1\) 2009—2010	\(2\) 2010—2011	\(3\) 2011—2012	被解释变量: lneduexp \(4\) 2012—2013	\(5\) 2013—2014	\(6\) 2014—2015	\(7\) 2010—2012
$edurate_{i,2010} \times policy_t$	−0.073	2.575***	−1.298*	0.779	0.203	0.448	1.493*
	(1.039)	(0.721)	(0.736)	(0.720)	(0.629)	(1.000)	(0.889)
是否包括控制变量	是	是	是	是	是	是	是
年份固定效应	是	是	是	是	是	是	是
城市固定效应	是	是	是	是	是	是	是
省份×年份交叉项	是	是	是	是	是	是	是
样本量	560	560	563	563	564	564	559
R^2	0.732	0.933	0.929	0.615	0.723	0.661	0.970

注：括号内为标准误，*、**、*** 分别表示 t 统计量在 10%、5%、1% 水平上显著。使用 0-1 虚拟变量构建的 $edurate_{i,2010}$ 指标的实证结果与表 2-7 一致，其中第 (2) 列显著为正，第 (3) 列显著为负，其他各列均不显著。

(二) 社保支出当期和后期增长效应

如第五部分所指出,2010年教育支出改革显著降低了社保支出规模的增长。为了观察社保支出的发展趋势,本章也检验了不同时间的社保支出变化效应,实证结果如表2-12所示。可以看出,与教育支出规模变化时间一致,社保支出的主要变化也发生在2011年,其系数显著为负,且估计值的绝对值远大于其他子样本回归系数,这一结果进一步辅证了地方政府通过调低社保支出规模的增长以提高教育投入这一路径。最后,相较于控制组,尽管2011年受冲击地区的社保支出规模有所降低,但之后年份这些地区并没有相应提高或者弥补该部分支出缺失,这意味着财政紧平衡压力能够在短时间改变地区支出结构,且这种改变在财政紧平衡压力没有得到根本性缓解的情况下很难得到扭转。一个最终的结果是,财力或财政紧平衡压力不同的地区,其支出结构必然表现出差异性特征,可以认为财政紧平衡压力是财政支出结构的重要影响因素。

(三) 其他支出当期和后期增长效应

根据表2-11和表2-12,可以看出教育支出和社保支出的变化效应主要形成于2011年。为了观察和比较这一效应在之后年份的持续性,此处以2011年为基期,利用长面板回归检验不同年份的支出规模的动态变化,具体如式(2-6)所

表 2-12 不同冲击时间的社保支出变化效应

	2009—2010 (1)	2010—2011 (2)	2011—2012 (3)	2012—2013 (4)	2013—2014 (5)	2014—2015 (6)
被解释变量：$lnsecuexp$						
$edurate_{i,2010} \times policy_t$	70.123 (47.722)	-3.338*** (1.183)	-1.698 (1.458)	-1.682* (0.856)	0.315 (0.974)	-1.578* (0.894)
是否包括控制变量	是	是	是	是	是	是
年份固定效应	是	是	是	是	是	是
城市固定效应	是	是	是	是	是	是
省份×年份交叉项	是	是	是	是	是	是
样本量	217	467	564	513	464	475
R^2	0.995	0.861	0.639	0.880	0.627	0.841

注：括号内为标准误，*、**、*** 分别表示 t 统计量在 10%、5%、1% 水平上显著。采用 0-1 虚拟变量构建的 $edurate_{i,2010}$ 指标的实证结果与表 2-8 基本一致，第(2)列显著为负，但其余各列均不再显著；2009 年地市社保支出数据缺失严重，导致系数估计结果与其他各列差异较大。

示。同时，本章也进一步检验了科学技术以及医疗卫生支出等其他支出的变化特征。实证结果如表2-13所示。其中，第（1）至（4）列是$edurate_{i,2010}$采用连续型变量构建的实证结果，第（5）至（8）列为$edurate_{i,2010}$采用0-1虚拟变量构建的实证结果，各列被解释变量分别为教育支出、社会保障和就业支出、科学技术支出以及医疗卫生支出取对数变量。

$$y_{it} = \beta_0 + \sum_{t=2009}^{2010} \beta_{1t} \times edurate_{i,2010} \times year_t +$$
$$\sum_{t=2012}^{2015} \beta_{1t} \times edurate_{i,2010} \times year_t + \quad (2-6)$$
$$X\gamma + \delta_i + \rho_t + \varphi_{jt} + \varepsilon_{it}$$

从表2-13可以看出，只有教育支出及社会保障和就业支出出现了动态效应的变化。从教育支出的变化来看，其动态效应主要出现在2011年，相较于2009和2010年，2011年教育支出明显增加，之后的年份并没有表现出与2011年的明显差异。而相较于2010年，相较于控制组，处理组社保支出在2011年出现明显减少。从表2-13第（2）列来看，社保支出在2011年之后也出现一定幅度的下降，而第（6）列中这一下降效应并不显著。总体来说，长面板动态效应结果与表2-11和表2-12保持一致。

从表2-13第（3）（4）和第（7）（8）四列来看，与表2-9结果一致的是，科学技术支出和医疗卫生支出并没有出现明显的动态效应。另一方面，这也说明本章处理组和控制组的

表 2-13　各类支出的长面板动态效应

	lneduexp (1)	lnsecuexp (2)	lnsciexp (3)	lnmediexp (4)	lneduexp (5)	lnsecuexp (6)	lnsciexp (7)	lnmediexp (8)
$edurate_{i,2010} \times year_{2009}$	-3.215***	-6.246	2.930	-0.611	-0.064***	-0.167***	0.018	0.013
	(0.954)	(5.488)	(2.507)	(1.961)	(0.017)	(0.056)	(0.059)	(0.033)
$edurate_{i,2010} \times year_{2010}$	-2.489***	2.121	2.456	0.441	-0.037*	0.140***	0.107**	-0.002
	(0.815)	(1.312)	(1.932)	(1.359)	(0.021)	(0.032)	(0.049)	(0.022)
$edurate_{i,2010} \times year_{2012}$	-1.044	-1.921*	0.577	0.803	-0.031*	-0.010	0.055	0.006
	(0.882)	(1.011)	(1.693)	(0.705)	(0.019)	(0.026)	(0.046)	(0.017)
$edurate_{i,2010} \times year_{2013}$	0.087	-4.139***	0.497	-0.918	0.002	-0.038	0.089	-0.009
	(0.807)	(1.218)	(2.044)	(0.766)	(0.014)	(0.029)	(0.055)	(0.016)
$edurate_{i,2010} \times year_{2014}$	0.516	-3.654***	0.820	-0.534	0.016	-0.014	0.085	-0.022
	(0.908)	(1.267)	(3.061)	(0.995)	(0.017)	(0.030)	(0.081)	(0.019)
$edurate_{i,2010} \times year_{2015}$	0.867	-4.291***	-0.947	-1.141	-0.002	-0.025	0.011	-0.031*
	(1.081)	(1.397)	(3.263)	(1.088)	(0.032)	(0.030)	(0.084)	(0.018)

续表

	lneduexp (1)	lnsecuexp (2)	lnsciexp (3)	lnmediexp (4)	lneduexp (5)	lnsecuexp (6)	lnsciexp (7)	lnmediexp (8)
是否包括控制变量	是	是	是	是	是	是	是	是
年份固定效应	是	是	是	是	是	是	是	是
城市固定效应	是	是	是	是	是	是	是	是
省份×年份交叉项	是	是	是	是	是	是	是	是
样本量	1969	1487	1969	1837	1969	1487	1969	1837
R^2	0.952	0.898	0.816	0.938	0.951	0.897	0.816	0.938

注：括号内为对地市的聚类稳健标准误，*、**、***分别表示 t 统计量在10%、5%、1%水平上显著。

选择与经济等其他经济变量的关联性并不强,否则随着经济在不同地区发展趋势的差异性,科学技术和医疗卫生等财政支出规模也可能在处理组和控制组之间出现差异性。

从第六部分结果可以看出,2010年改革冲击的效应主要出现在2011年,在2012年国家财政性教育经费支出占GDP比重达到4%的目标实现后,教育支出规模保持了相对稳定水平,不再快速增长。需要指出的是,如第五部分所指出,教育支出的快速提高是以社会保障和就业支出等其他财政支出结构的调整为主要路径,这与本部分所发现的时间效应完全一致:从2010年6月28日教育改革目标提出到2011年政府预算编制、审核、批准以及实施需要花费较长时间,地方政府在剩余的相对较短的时限内,只能通过调结构的方式来实现教育支出目标。然而,2011年的社保支出下降并没有在之后年份得到弥补,这意味着财政紧平衡压力是影响地方支出结构的重要变量,在未来的财权及事权改革中,尤为需要注意其对地区公共服务供给水平及可能形成的区域间不平衡的长期效应。

七、结论及启示

财权与事权的匹配是财政体制的根本和核心问题,其变化将对地方政府行为产生深远的影响。与以往选择财权变化为财政紧平衡压力研究视角不同的是,本章选择了2010年《国家中长期教育改革和发展规划纲要(2010—2020年)》提出的教育目标为准自然试验，研究了事权变化改革对地方政府行为的影响。实证结果表明，为了实现2012年国家财政性教育经费占GDP比重4%的目标，地方政府在短时间内迅速扩大了教育支出规模。进一步地，本章发现这一目标的实现是以牺牲社保支出增长为代价，而不是通过扩大地方税基或强化地方税收征管等收入端的方式。最后，对时间效应的检验结果表明，教育事权改革冲击对教育支出和社保支出规模的效应主要形成于2011年，在实现4%目标后，地方政府的教育支出规模不再保持原有增长速度，但相应的社保支出也没有得到弥补，这意味着财政紧平衡压力是地方支出结构和公共服务供给格局的重要影响因素。以上结论对当前及未来中国财政体制改革具有一定的参考价值。

第一，避免公共服务尤其是民生性公共服务的缺失为大规模减税降费"买单"。为了应对当前阶段的大规模减税降费，无论是中央还是地方政府都提出了过"紧日子"的准备，应对方式之一是2019年1月11日国务院常务会议提出的"各级政府和部门要把一般性支出坚决压下来"。较为相似的是，在2010年教育事权改革目标提出的同时，《关于进一步加大财政教育投入的意见》也指出"各级人民政府要进一步优化财政支出结构，压缩一般性支出"。然而本章实证结果表明，地方政府短期内降低了社保支出规模的增长，通过减少这类民生性公共服务的供给来实现教育支出目标。这启发了关于当前大规模减税降费的一定思考，减税降费与公共服务尤其是民生性公共服务的供给不能冲突，且实际上也能做到不冲突。因此，一方面中央政府需要着重关注地方财政的可持续性问题，尤其是在逆周期宏观调控政策过程中，适当提高赤字率，扩大地方政府债务规模不失为一个可行选项；另一方面，以压缩一般性支出为突破口，优化支出结构过程中需要着重观察地方政府的支出倾向，对一些涉及民生的重点支出领域应给予一定的关注，避免这些支出为最后的减税降费"买单"。

第二，加快推进清理规范重点支出同财政收支增幅或生产总值挂钩事项。党的十八届三中全会指出，"清理规范重点支出同财政收支增幅或生产总值挂钩事项，一般不采取挂钩方式"，中央全面深化改革领导小组第三十一次会议审议通过了《关于清理规范重点支出同财政收支增幅或生产总值挂钩事项有关问题的通知》，尝试通过下放预算编制权限等方式提高地方财政统筹性和实际可支配财力。各地逐步取消重点支出挂钩事项，取得良好成效。但从目前来看，支出结构固化现象仍未得到根本性解决，各类支出"只增不减"，如2012年教育、文化等7项重点支出占财政支出比重为47.5%，这一比重在2017年达到48.7%。同时，各项重点支出的法律依据仍然存在，如目前施行的教育法、农业法仍明确经费增长应当高于财政经常性收入增幅。因此，为进一步释放地方财政活力以缓解短期内的财政紧平衡压力，应继续推进相关法律法规的清理、规范，地方财政在编制各类支出预算时应量力而行，减少部门预算固化对政府预算的"肢解"，防范挂钩支出或重点支出对地方政府尤其是基层财政形成"二次"压力。

第三，当前及未来财政体制改革应考虑到通过财政紧平衡压力传导至地方支出结构的长期效应。财政体制改革必然带来财权或事权的变化，两者的不匹配形成了财政紧平衡压力。本章实证结果发现财政紧平衡压力能够改变财政支出结构，且这种支出结构的变化具有不可逆转性。地区间财力格局各异这一客观因素决定了财政体制改革必然对不同地区的财政支出结构产生差异化效应。因此，在财权或事权的改革过程中，应考虑到其可能对中国财政支出结构基本格局的影响，对受影响较严重的地区给予一定的政府补贴，避免财政体制改革加剧公共服务的区域不均衡程度，避免财政体制改革与公共服务均等化目标的背离。

第四，尽量减少财政体制改革带来收入格局的短时间巨大波动。2016年8月16日发布的《国务院关于推进中央和地方财政事权和支出责任划分改革的指导意见》设定的目标是，中国要在2019—2020年"基本完成主要领域改革，形成中央与地方财政事权和支出责任划分的清晰框架"，意味着在两年时间内中国事权和支出责任将出现较为明显或者幅度较大的财政体制改革，这与《纲要》中较短的教育目标完成时间相似。这就需要减少改革急促性对地方政府正常收支行为的干扰，除了设定科学合理的财政体制改革方案外，一个可行的操作是适当延缓改革完成时间，并提高地方政府对改革的预期，避免对政府职能正常履行和公共服务供给的负面影响。

第三章　财政紧平衡与财政收入结构*

一、引言

　　财政政策的取向和内容对一国经济的稳定和长期发展至关重要。随着中国财政政策及制度的日益完善，对中国财政政策的周期性研究逐渐增多，这些研究成果较好地揭示和推动了中国财政政策的实践发展。从已有的文献来看，绝大部分是以支出或赤字为切入点，对财政收入端的周期性讨论略显匮乏。然而，这一命题具有极其重要的现实和理论意义：一方面，根据近年来中央经济工作会议内容，中国财政政策重点已逐步转向收入端，企业"减税降费"开始成为逆周期宏观财政政策的重要内容，如2018年以来政府在增值税、企业

---

*　本章原载《财政研究》2020年第6期，题为"中国非税收入的顺周期研究"，收入本书时有修改。

所得税及个人所得税等主体税种方面持续性大规模减税让利;另一方面,已有研究结果表明财政收入端的周期性特征很可能是财政支出等其他财政政策取向的主要影响因素(丛树海和张源欣,2018)。

仅有的关于收入端周期性的寥寥讨论也主要聚焦在税收方面,非税收入被以往研究忽视,不利于中国财政政策的完善与发挥。第一,非税收入是中国财政收入的重要组成部分,且在地方财政中发挥着重要作用。以2017年为例,全国非税收入占全国一般公共预算收入超过16%,这一比重在地方层面更大,地方非税收入占地方本级收入将近25%[①],而收入欠发达地区这一比重的平均值达到32.97%[②]。不仅如此,近年来中国非税收入也保持着远超税收收入的增长速度,如在2012—2016年,非税收入增长速度高达62.29%,与此同时税收收入的增速仅为19.64%[③]。非税收入的作用不应被低估。

第二,尽管人们将主要的关注点集中在企业的"税"上,

[①] 数据来源:《2017年全国一般公共预算收入决算表》。这一数据仅为一般公共预算收入中的非税收入,不包括基金预算收入、社保基金预算收入和国有资本经营预算收入,当考虑这三本预算后,非税收入比重将更大。

[②] 数据来源:《中国统计年鉴2017》。2016年财政收入最多和最少的三个省份分别是广东、江苏、上海和西藏、青海、宁夏。

[③] 数据来源:各年《中国统计年鉴》。选择2012年为基期是因为之前非税的范畴变化较大,基于数据可比性,选择以此为基期最优。同时,此处也以非税收入数据统计的初始年份2007年为基期进行了计算,发现2007—2016年间,中国税收收入增长124.50%,而非税收入增长幅度达到303.11%。此处数据均经过价格指数平减。

但企业在"费"与"税"上的痛感可能相似。根据中国财政科学研究院"降成本"课题组的调查数据，2016年大部分企业纳税总额占营业收入比重在5%以下，而仅排污费、探矿权及采矿权使用费、水利建设基金这三项"费"占营业收入的比重的平均值就已经超过6%[①]；此外，根据课题组提供的企业税费负担感受统计表，认为税费负担重在"收费"或"税费均重"的企业样本超过50%，企业对非税负担的感知远远超过了地方非税收入占财政收入的比重大小，这一现象值得警惕和深思。

第三，非税收入能够突破非法定原则的边界。从已有研究文献看，在税收法定原则的基本背景下，中国的税收周期性主要来自征管强度变化所引致的实际税率调整（李明等，2016；石绍宾等，2019），而非名义税率的相机抉择。然而，在"法定原则"的缺失下，地方政府凭借行政法规制定和修改涉企收费项目及标准的权限更大，可操作性更强。同时，非税收入项目的繁杂名目为这一操作提供了便利。地方政府"费权"的软约束极易促成非税收入的"跷板效应"（杨灿明，2017），定位于弥补财政收入的非税收入更易表现出顺周期特征。

在积极财政政策实施过程中，如果规模不小的非税收入

[①] 数据来源：中国财政科学研究院"降成本"课题组：《降成本：2017年的调查与分析》，中国财政经济出版社2017年版，第162页表52、第176页表60，以及第178页表62。该数据共来自课题组回收的12296份企业调查问卷，包括全国东、中、西和东北部各地区，全部所有制类型企业以及各规模企业，覆盖11个大行业。

呈现出顺周期特征，不仅会放大企业税负痛感，更可能弱化甚至抵消中央政府的逆周期宏观政策，容易形成"持续减税"与"企业税负加重"的矛盾现象。可以说，对非税收入周期性探讨的缺失，极不利于决策者对中国财政政策的方向把握及内容优化，亦是中国财政政策研究的一个重要缺憾。基于以上实践及研究背景，本章选择以国企分红这类极具典型性的非税收入为切入点，集中探讨了地方税收收入波动对国企分红的实证效应。实证结果表明，国企分红表现出较为明显的顺周期性，这为中国非税收入顺周期特征提供了一定的证据支持。其背后的政策含义是，在当前大规模减税背景下，也应注重出台对企业的"降费"举措，注重对地方政府财政收入组织行为的"关前门堵后门"，严控涉企行政事业性费用等非税收入规模，切实降低企业整体负担。

本章的可能贡献主要体现在以下三个方面。第一，本章证实了国企的"第三财政"（张馨，2012）职能，国企盈利及分红是地方政府的一个重要财源，这有利于促进对国有企业定位的理解。第二，本章研究也揭示了国企分红的一个重要影响因素和基本规律，这对于理解金融市场内国企分红的行为具有一定的参考价值。第三，也是最重要的，本章从国企分红的角度，为中国非税收入的顺周期性特征提供了直接的证据，从而为中国财政政策的方向把握及内容完善提供了新的视角。

本章余下部分安排如下：第二部分是文献综述及理论假说提出，第三部分是实证策略及相应数据说明，第四部分是实证结果的报告及稳健性检验,第五部分是备择竞争假说,第六部分是结论及启示。

二、文献回顾与假说提出

随着中国财政政策及制度的日益完善,对中国财政政策周期性的研究逐渐增多。从已有文献来看,其中绝大多数以财政支出或赤字等为研究对象。在财政支出方面,贾俊雪等(2012)发现地方政府支出行为总体上呈现出全国逆周期和省份顺周期特征;马蔡琛和张利媛(2015)也发现了中国财政支出的顺周期特征。不过,方红生和张军(2009)却认为中国地方政府支出不存在周期性特征,而是在地方政府竞争的大环境中表现出扩张偏向的财政政策;孙天琦等(2010)的结论与此一致,并将其表述为"经济繁荣期的顺周期和经济萧条期的逆周期并存特征"。在财政赤字方面,王志刚(2010)首次从赤字的角度,探讨了中国财政政策的周期性及其效应,发现1979—2009年中国采用逆周期型财政政策的年份超过70%,但其稳定经济波动的功能并不明显;曾晓安等(2015)沿用了赤字的角度,根据中国预算分类计算了全口径预算的逆周期性及各类别预算的周期性,发现全口径预算逆周期性达到100%,而四本预算中社会保险基金预算逆周期性最强,国资预算的逆周期性最差。

相较于财政赤字及支出,对财政收入端周期性的讨论相对较少，仅有的几篇文献也主要以税收收入为切入点。如李明等（2016）发现中国企业所得税具有典型的顺周期行为，当经济产出超过潜在产出时，企业税负显著下降。石绍宾等（2019）观察到受中央政府决策影响更大的国税部门执行显著的逆周期税收政策，而受地方政府决策影响更大的地税部门执行轻微的顺周期或非周期性税收政策。这些研究的一个事实基础是，中国税收实践中巨大的征管空间所孕育的名义税率与实际税率差异（高培勇，2006），使地方政府能够对税收征管力度进行相机抉择。从已有研究结论看，中国税收收入总体表现出一定的顺周期特征。

实际上，对发展中国家的顺周期问题的关注由来已久。如加文和佩洛蒂（Gavin & Perotti，1997）对比了13个拉美国家和工业发达国家在1968—1995年的财政政策情况，首次发现拉美国家的财政政策更趋向于顺周期。在对其成因的解释中，他们认为信贷约束是一大重要因素。卡明斯基和莱茵哈特（Kaminsky & Reinhart，2004）发现这一现象不仅存在于拉美国家，还普遍存在于发展中国家；塔尔维和韦格（Talvi & Vegh，2005）证实了这一结论，不过与信贷约束论不同的是，他们认为政治压力对财政支出的扭曲是财政政策顺周期的根本原因。艾莱辛那等（Alesina et al.，2008）进一步探究了政治压力的来源，发现信息不对称造成的代理问题导致了选举人在繁荣时期对公共资源的争夺，这一公共池问题是发展中国家财政顺周期行为的重要原因。近年来对发展中国家顺周期政策及成因的研究中，也有学者跳出信贷限制论和政治压力论的角度，尝试以新的观点解释这一现象。如吴（Woo，2009）首次提出顺周期财政政策与社会分化有关，在繁荣经济带来充足财政资源的背景下，具有异质性偏好的政策制定者能够最大可能地实现其差异性政策主张，这带来了财政顺周期问题。弗兰克尔等（Frankel et al.，2013）认为影响财政政策周期性的主要因素是制度质量，随着发展中国家制度质量的提高，顺周期现象有了明显减轻，甚至开始转为逆周期特征。与中国研究现状相似的是，以上文献都选择从财政支出端的角度来发掘财政政策的周期性特征。韦格和布莱廷（Vegh & Vuletin，2012）首次从增值税、个人所得税和企业所得税等角度讨论了62个国家的税收周期性，结论表明发展中国家的税收也呈现出顺周期特征。

作为地方税收收入的重要补充，非税收入可能表现出相对于税收收入更强烈的顺周期性。"费"在是否征收、征收标准、征收对象以及征收强度等方面由行政部门自行决定的空间更大。当地方财政面临缺口或存在较大的缺口预期时，地方政府很有可能转而寻求非税收入的"支持"，以"充分"发挥其财政补充性职能。同时，中国非税收入种类繁多，包括行政事业性收费、国有资本经营收益、罚没收入、捐赠收入以及大量的政府性基金收入等等类别，其丰富性为地方政府提供了广阔渠道，进一步便利了"支持"功能的发挥。

然而，对非税收入的相关实证研究整体上仍较为罕见，这与研究过程中所面临的几个核心挑战不无关系。第一，非税收入的统计口径经历了不断变化的过程。随着市场经济体制改革的逐步深化，中国非税收入得到规范和完善，其范畴和内涵随之发生了较明显改变。非税收入这一概念自提出以来，预算外资金、制度外收入等非税收性质的财政收入不断被囊括其中，大大丰富了非税收入管理的范畴，造成了其统计口径的非统一性，这也决定了在实证分析中无法直接采用非税收入变量指标。第二，非税收入的政策标准处于频繁调整过程中。非税收入中收费数目和标准频繁多变，如2013—2018年中国降费措施通知多达29条，其中部分通知涉及的收费项目数目庞大，如《关于公布取消314项行政事业性收费的通知》取消了314项各省设立的行政事业性收费，《关于降低部分行政事业性收费标准的通知》下调了14个部分20个行政事业性收费项目的收费标准，等等①。标准和政策的频繁变动导致了相应研究很难干净地识别出各影响因素对非税收入的因果效应。第三，非税收入数据的获取限制。目前地方非税收入数据及各子科目下的非税收入数据仍未公开，进一步加大了实证分析的难度。

一个应对思路是选择某一类统计口径和政策标准在实证样本的时间范围内保持相对稳定的非税收入。结合数据可获得性，本章选择了国企分红作为切入点。这不仅由于企业分

---

① 信息来源：财政部官网，http://szs.mof.gov.cn/mlqd_8464/2013yljfcs/。

红是极为正常且发展得较为成熟和稳定的企业财务行为，研究者容易获得上市公司分红数据；更重要的是，国企分红是一种典型的非税收入。首先，国企分红收入在一般公共预算收入的非税收入中占比不低。国企分红收入能够直接计入一般公共预算，中国一般公共预算的非税收入科目中包含了国有资本经营收入，与国资预算收入相对应，这部分国资经营收入包括了国企利润收入及国企股利股息收入等类别。2018年非税收入中，国有资本经营收入占比达到13.26%。[①] 其次，即使国企分红被计入国资预算收入，其也能够通过预算间调动进入一般公共预算收入。一方面，国企分红收入计入国有资本经营预算中的股利股息收入，占国资预算收入的比重超过10%[②]，是国资预算的第二大收入，因此国企分红规模的提高有利于扩大国资预算收入规模；另一方面，各级政府可以将资金从国资预算转移转入一般公共预算或社保基金预算，满足财政支出需求。如2018年国资预算的调出资金达到884.92亿元，当年国资预算支出总数为2153.28亿元（含经营支出、调出资金和结转下年支出），占比达到了29.06%。[③] 可以看出，即使国企分红被计入国资预算收入，也能够很好地

---

① 数据来源：《2018年全国一般公共预算收入决算表》，这一比重高于2019年消费税和个人所得税占税收收入的比重，接近于营改增之前营业税占全国税收收入比重。

② 数据来源：CEIC数据库，采用2017年数据。

③ 数据来源：《2018年全国国有资本经营支出决算表》。

发挥财政收入弥补职能。最后，从广义上看，非税收入指的是四本政府预算中所有非"税收"收入。从这个角度来看，不管最终国企分红计入的是一般公共预算收入还是国资预算收入，其都可以被称作"非税收入"，这也是本章认为国企分红能够作为非税收入典型研究对象的重要原因。

可以利用万得数据库中上市公司数据大致计算出近年来国企分红在一般公共预算中非税收入的地位。首先，观察上市公司的属性是否为中央国有企业或地方国有企业，以此判定企业是否为国有企业，再将国有企业的年度累计分红总额与大股东持股比例相乘，得到该国有企业大股东的年度分红份额并作年度汇总求和，进而得到某一年度上市国有企业的大股东分红总额。从表3-1第（2）列可以看出，这一数值在2017年达到了3273亿元，远超国资预算中的股利股息收入286.66亿元。其次，将汇总后的年度大股东分红总额减去计入国资预算中的股利股息收入，可以大致得到计入一般公共预算中非税收入类目下的国企分红收入，从第（4）列可以看出，这部分收入近年来得到快速发展，在2017年达到近3000亿元。最后，第（6）列为这部分收入在非税收入中的比重，可以发现该比重近年来处于不断扩大趋势，2017年超过了10%。① 可以认为，国企分红收入在非税收入中具有十分重要的地位。

---

① 这一计算方法低估了计入非税收入的国企分红收入，因为其只汇总了国有控股企业股东分红收入，但未计入国有参股企业股东分红收入。当然，如果考虑非上市公司，这一数值将更大。

表 3-1 2015—2017 年国企分红收入基本情况表

（单位：亿元）

(1)	(2)	(3)	(4)	(5)	(6)
年度	国有企业年度分红总额	国资预算中股利股息收入	进入非税收入的国企分红=(2)-(3)	非税收入规模	非税收入中国企分红占比=(4)/(5)
2015	2326	269.17	2056.83	27347.03	7.52%
2016	2850	205.87	2644.13	29244.24	9.04%
2017	3273	286.66	2986.34	28222.90	10.58%

注：表 3-1 中非税收入均为一般公共预算中非税收入规模；第（3）列数据来自 CEIC 数据库，第（5）（7）列数据均来自国家统计局年度数据，其中第（7）列中的主要非税项目包括专项收入和行政事业性收费两类。

财政收入是政府支出活动的重要保障，因此收入目标往往具有极强的刚性和约束性（白云霞等，2019）。当地方税收收入出现一定的财政缺口或缺口预期时，非税收入往往成为地方政府完成财政收入目标的重要工具。为了确保非税收入对财政收入的补充作用，各地方政府采用了各类方式充分挖掘本地区非税收入的增收潜力。如四川省内江市在 2012 年 12 月提出通过落实非税收入征管责任和加大考核力度方式加强非税收入的征管工作，力保实现全年公共财政收入目标任务①；陕西省咸阳市在2013年11月提出通过查漏补缺方式狠抓非税收入征管，促进财政收入的增长②；在2019年减税降费基本背景下，广东省江门市新会区财政部门认为税收增长乏力更加突出了非税收入的重要性，因此加大了非税收入的监督检查和征管力度，通过非税增收以弥补减税的税收缺口，确保全年财政收入预期目标的实现③。不难发现，在税收下行波动或收入增长乏力时期，地方政府倾向于通过各类非税收入补充地方财政收入，以完成全年财政收入目标。

在财政收入目标导向下，地方政府将积极组织各类收入。如石绍宾等（2019）对地税收入顺周期的讨论不仅包括了营业税、企业所得税和个人所得税等主体税种，还包括了资源税、印花税等小税种。在各类非税收入中，国企收益是政府财力的重要来源。如在大规模减税降费的背景下，2019年中央和地方财政通过盘活国有资金和资产促进非税收入增长，一般公共预算收入中非税收入同比增速达到20.2%，全国国有资本经营预算收入同比增速达到36.3%，远高于1%的税收收入增长，有力地弥补了减税带来的减收。④作为地方非税收入的

---

① 资料来源：http://czj.neijiang.gov.cn/show/713963。

② 资料来源：http://www.chinaacc.com/news/dongtai/ni20131119093121-68838224.shtml。

③ 资料来源：http://www.xinhui.gov.cn/gzjg/qzfgzbm/jmsxhqczj/gzdt/content/post_1987007.html。

④ 数据来源：http://gks.mof.gov.cn/tongjishuju/202002/t20200210_3467695.htm。

一部分，隶属于地方的国有企业的分红规模也是地方政府可以加以调控，从而减缓收入困境对政府支出活动不利影响的工具。具体而言，当地方实际税收规模低于潜在税收规模时，地方政府将鼓励本地国有企业扩大分红，应对可能出现的财政缺口；当地方实际税收规模超过潜在税收规模时，地方政府将减少本地国有企业的分红规模。在这一逻辑下，可以发现国企分红规模在税收下行波动时期反而出现上升，在税收上行波动时期反而出现下降，最终呈现出对税收波动的顺周期特征。与此同时，国企分红在操作上也具有一定的可行性和正当性：尽管《中华人民共和国公司法》规定公司股东依法享有按照出资比例获得资产收益等权利，但企业是否分红以及分红多少的方案必须经股东大会批准，当地方政府对国企具有足够的控股权时，其对国企分红的调节可以被视作一种正常合规的市场行为。基于以上分析，可以得到本章基本假说：

为减缓地方税收波动的影响，地方政府将通过调节国企分红积极应对，由此使国企分红呈现出顺周期特征。

三、实证策略与数据说明

（一）实证策略

为了减少企业分红自身的波动特征，在实证策略中，本章通过观察地方税收波动冲击对国企分红的实证效应判断国企分红的周期性特征，实证模型如式（3-1）所示：

$$parate_{ijt} = \alpha + \beta_1 \times tax\_flu_{jt} \times sbjct_{it} + \beta_2 \times sbjct_{it} + \\ \beta_3 \times tax\_flu_{jt} + X\gamma + \delta_{mt} + \mu_i + \rho_t + \varepsilon_{ijt} \quad (3-1)$$

其中，$parate_{ijt}$ 为地区 j 范围内 i 企业在 t 时间的企业分红指标；tax_flu_{jt} 为地区 j 在 t 时间的税收波动变量；$sbjct_{it}$ 是企业隶属关系，当企业为地方国有企业时，有 $sbjct_{it}=1$，否则为 0；X 为企业层面的控制变量。在此基础上，为控制不同行业及可能随时间变化而形成的影响，加入企业所在行业与时间的交叉项 δ_{mt}；为控制不同企业特定差异对被解释变量的影响，加入企业固定效应 μ_i；为控制时间特性对被解释变量的影响，加入了年度固定效应 ρ_t；α 为常数项，ε_{ijt} 为残差项[①]。

模型（3-1）中，若 β_1 显著大于 0，说明地方税收上行时，相较于其他企业，国企分红将明显增加；地方税收下行时，相较于其他企业，国企分红将明显降低，此时国企分红表现出逆周期特征。若 β_1 显著小于 0，说明地方税收上行时，相较于其他企业，国企分红将明显降低；地方税收下行时，相较于其他企业，国企分红将明显增加，此时国企分红表现出顺周期

[①] 本章也加入了城市固定效应，但由于上市公司企业所在的城市一般不发生变化，因此控制企业固定效应也能捕获城市差异，是否控制城市固定效应，其实证结果相同。

特征。根据第二部分的基本假说,可以预期β_1显著小于0。

(二)数据说明

本章所有企业层面的数据均来自万得数据库,这一数据库包括所有中国A股上市公司数据。证监会自2001年起对IPO实行核准制,与之前审批制差异较大,为减少这一差异对上市公司样本选择造成的偏误,本章初始样本为2001—2017年A股上市公司企业层面数据。本章被解释变量为企业分红。企业分红包括现金分红、派发新股和转增股本,但现金分红是最主要的方式,已有研究文献讨论企业分红也以企业现金分红为主(谢德仁,2013),同时派发新股和转增股本并没有实质性提高股东现金流量,故而也难以直接补充地方政府财政收入,因此本章主要选择现金分红作为分析对象。为使企业现金分红指标具有可比性,此处选择了企业年度累计现金分红总额与归属母公司净利润的比值,也即年度现金分红比例($parate$)作为被解释变量。

根据理论假说部分,地方国企分红针对地方税收波动呈现出顺周期特征,因此解释变量是地市层面的税收波动变量。在具体的处理过程中,本章参照了霍德里克和普雷斯科特(Hodrick & Prescott,1997)的做法,首先对税收变量作对数处理,然后将税收波动分解为趋势成分和周期成分,进行HP滤波分析,其中,趋势成分为潜在税收能力,周期成分为税收缺口，税收缺口的取值就是税收波动指标。在基准回归中，本章选择了平滑参数（Smoothing Parameter）$\lambda=100$ 测算周期波动成分。在稳健性检验中，本章也运用同样方法对地区 GDP 和地区财政支出作滤波分析，这些地市层面的变量数据来自 CEIC 数据库，其中地市税收收入数据的时间范围是 2005—2017 年，地市 GDP 数据的时间范围是 2001—2017 年，财政支出数据的时间范围是 2003—2017 年，因此本章在数据处理时以 2001 年的价格指数计算。同时，本章也观察了在不同平滑参数设定下实证结果的稳健性。

为了确认地方国企属性，需要先对上市公司的企业属性进行判定。在万得数据库中，企业属性指标包括中央国有企业、地方国有企业、民营企业、集体企业、外资企业和其他企业六个类别，当企业属性是地方国有企业时，有 $sbjct_{ijt}=1$，否则为 0。地方国有企业中还包括省级国有企业，由于这些国有企业不隶属于地市层面，因此根据企业实际控制人信息，将隶属于省级职能部门①的国有企业作删除处理，最终的地方国有企业仅包括隶属于地市及以下层级政府的地方国有企业。最后，根据实际控制人信息，结合企业所属行政区划，确定了该企业所隶属的地市政府。由于企业实际控制人信息在 2004 年及之后才开始大范围披露，因此上市公司数据样本时

---

① 如省发改委、省交通运输厅、省出版集团、省广播电视台等职能部门。

间选定在2004—2017年。由于核心解释变量中地市税收数据主要从2005年开始，因此本章基准回归中的样本时间最终为2005—2017年。

实证分析前，本章对原始数据的处理主要是删除了两方面的缺失值：第一，对企业隶属关系为地方国有企业且实际控制人为缺失值的企业样本作了删除处理，这是因为本章需要根据地方国企的实际控制人信息来确定该企业是隶属于省级政府及部门还是隶属于地市层级政府及部门。第二，删除了企业分红的缺失值，这是因为很难判定这一情况属于企业不分红还是数据缺失。其中，企业分红值的缺失较为严重，在2005—2017年共有20395个样本缺失，且缺失情况主要发生在2010年之前年份，并随时间推移而减少：一方面很多上市企业在未上市之前数据值整体缺失；另一方面，随着相关制度的完善，企业分红数据的披露情况在不断好转。地方国企实际控制人信息在2005—2017年共有75个样本缺失，缺失情况在各年间均匀分布，且缺失样本的企业分红信息均为缺失[①]。

在实证样本中，企业属性主要以民营企业、地方国有企业和中央国有企业为主，三类企业占比之和超过90%，其中

[①] 为了检验企业分红缺失值的处理对本章实证结果的影响，本章尝试了以下两方面的检验：一方面，本章保留了这些缺失值，且将这些缺失值认为是企业未分红情况，即企业分红为0，此时实证结论与本章实证结论保持一致；另一方面，由于担心删除过多的样本值会影响实证结果，因此只保留缺失占比较为严重的时间的，即2010及之前年份的样本数据，此时尽管回归样本仅为1773个样本，但实证结果仍与本章实证结论保持一致。

民营企业样本占比为61.90%，地方国有企业占比为17.24%，中央国有企业样本占比为11.40%。为了观察样本选择差异对本章实证结果的影响，本章在第五部分异质性讨论中选择了不同的企业类型作为非地方国有企业。此外，模型（3-1）还控制了可能影响企业分红的其他因素，包括公司规模（size）、净资产收益率（roe）、大股东持股比例（bigshare）、企业成立时间（yearcl）等变量。在进一步讨论中，还使用了每股营业总收入（ptrev）、总资产报酬率（roa）、净利润占营业总收入比重（nprorate）、净利润同比增长率（nprf）以及政府补助收入（subsidy）等企业财务指标。为了避免极端值的影响，本章对被解释变量作了1%的缩尾处理。

各变量的描述性统计如表3-2所示。

从税收波动变量看，当平滑参数取值越小时，税收的波动性越弱：当λ=100时，税收波动为11.2%；当λ=400时，税收波动为14.0%；而当λ=6.25时，税收波动为5.4%。同时，图3-1是平滑参数不同取值下的滤波值年度均值趋势图，可以看出，税收波动区间大致可以分为4个周期：第一个周期是2005—2007年，这一期间税收处于一定的下行状态，但下行缺口逐步减小；第二个周期是2007—2009年，税收波动下行，且下行缺口有所扩大；第三个周期是2009—2012年，税收处于波动上行期；第四个周期是2012—2017年，税收波动由上行转至下行①。

---

① 这一趋势与全国税收同比增长率基本保持一致。

表 3-2 各变量的描述性统计表

变量名	变量定义	均值	标准差	最小值	最大值
parate	年度累计现金分红总额/归属母公司净利润 ×100%	39.921	33.269	4.401	221.905
sbjct	地方国有企业虚拟变量，是则为1，否则为0	0.170	0.375	0	1
tax_flu	地区税收入波动，平滑参数为100	−0.002	0.112	−0.542	0.485
tax_flu 400	地区税收入波动，平滑参数为400	−0.003	0.140	−0.654	0.608
tax_flu 200	地区税收入波动，平滑参数为200	−0.002	0.128	−0.609	0.558
tax_flu 50	地区税收入波动，平滑参数为50	−0.002	0.093	−0.487	0.399
tax_flu 25	地区税收入波动，平滑参数为25	−0.001	0.076	−0.472	0.379
tax_flu 10	地区税收入波动，平滑参数为10	−0.001	0.060	−0.452	0.342
tax_flu 6.25	地区税收入波动，平滑参数为6.25	−0.000	0.054	−0.441	0.320
gdp_flu 62	地区GDP波动	−0.001	0.055	−0.507	0.281

续表

变量名	变量定义	均值	标准差	最小值	最大值
size	企业员工数量加 1 后取自然对数	7.589	1.164	3.135	12.744
roe	归属母公司股东净利润/加权平均归属母公司股东的权益 × 100%	11.121	8.218	-24.761	133.061
yearcl	企业成立时间取对数	2.728	0.358	1.099	4.220
ptrev	每股营业总收入	6.349	7.932	0.042	169.595
roa	总资产报酬率	8.403	5.764	-20.679	64.288
nprorate	净利润占营业总收入比重	11.880	15.268	-521.625	684.143
nprf	净利润同比增长率	57.411	529.139	-14108.72	25211.46
subsidy	政府补助收入加 1 取对数	15.840	1.689	6.306	21.782

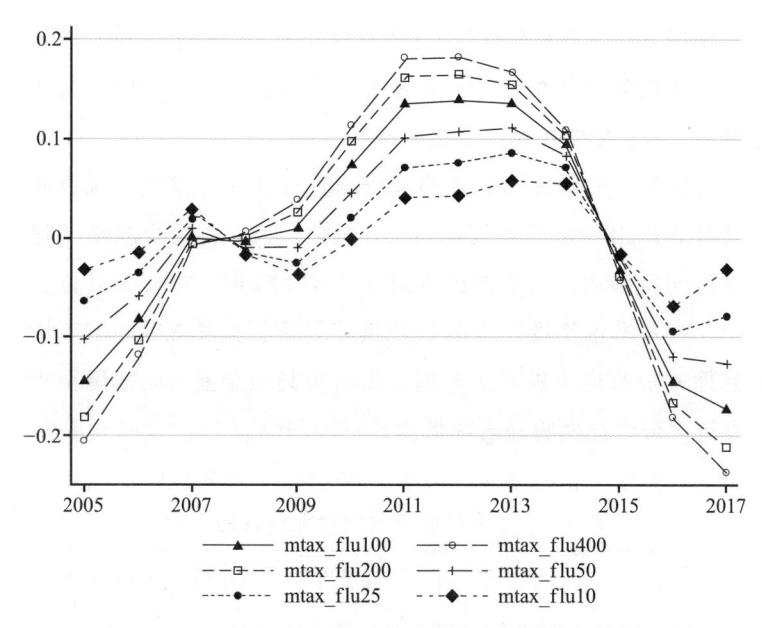

图 3-1 平滑参数不同取值下的地方税收收入波动趋势图

四、实证结果及稳健性检验

(一)基准回归结果

模型(3-1)的回归结果如表3-3所示。其中,第(1)列仅加入了企业固定效应,第(2)列加入了地区固定效应,第(3)列加入了行业与年份交叉项固定效应,第(4)列加入了控制变量。可以看出,各列回归结果中β_1统计量均在1%水平上显著为负,表明在税收上行波动时,相较于其他企业,国企分红比例处于更低水平,而在税收下行波动时,相较于其他企业,国企分红比例处于更高水平。

表3-3的实证结果表明地方国企分红在应对地方税收波动时表现出一定的顺周期特征。具体而言,在税收波动的整体区间范围内,当地方税收向下波动10%时,相较于其他企业,地方国企年度现金分红比例将显著提高约2.5个百分点;当地方税收向上波动10%时,相较于其他企业,地方国企年度现金分红比例将显著降低约2.5个百分点。

表3-3 地方税收波动对企业分红的影响

	$parate$ (1)	$parate$ (2)	$parate$ (3)	$parate$ (4)
$tax\_flu \times sbjct$	−34.029***	−25.885***	−26.778***	−24.394***
	(10.139)	(9.852)	(9.993)	(9.374)
tax_flu	−5.747	0.653	4.268	6.977
	(4.645)	(5.724)	(6.100)	(5.765)
$sbjct$	8.402**	4.404	6.224	0.264
	(4.044)	(4.317)	(4.857)	(4.832)
年份固定效应	否	是	是	是
行业×年份效应	否	否	是	是
是否包括控制变量	否	否	否	是

续表

	parate(1)	parate(2)	parate(3)	parate(4)
企业固定效应	是	是	是	是
样本量	7059	7059	7059	7044
R^2	0.007	0.021	0.085	0.151

注：括号内为对企业的聚类稳健标准误，*、**、***分别表示t统计量在10%、5%、1%水平上显著。

（二）稳健性检验

本章主要揭示了地市层面经济冲击对企业层面财务指标的影响，实证分析中反向因果内生性影响可能较弱，最主要的问题来自决定或影响地方税收波动的其他经济或政策变量可能同时对不同属性企业的财务状况带来差异性影响，这会导致本章实证结果受共同决定因子的影响。同时，地方税收波动也可能首先引发企业其他财务特征的变化，而不是直接作用于地方国企分红，这意味着实证结果容易受到遗漏变量的影响。因此本章的内生性检验主要从企业外部宏观环境和内部微观环境变化两个角度考虑。最后，本章观察了在不同平滑参数设定下主要实证结果的稳健性。

1.经济波动因素

一般而言，税收随着经济波动而波动，税收波动很大程度上反映了经济运行周期的基本特征。因此，国企分红变化很可能是受到地方经济运行特征的影响,而非税收波动的影响:出于稳定经济等因素的考虑,在经济下行时,国企可能要承担提高市场消费规模等任务,企业分红比例较之非国企呈现出更高的水平;在经济上行时,为了减少地区经济过热,国企的分红表现出更低的水平。为此,本章检验了经济波动对不同企业间分红差异的影响,实证结果如表3-4第(1)列所示,可以看出经济波动对国企分红并不存在显著的影响。进一步地,本章在原回归模型基础上,加入了经济波动变量与经济波动和地方国企交叉项作为控制变量,观察其对基准结果的影响,回归结果如表3-4第(2)列所示,此时税收波动交叉项变量仍然显著为负。这意味着,本章结果受经济波动干扰的可能性较小,分红的企业差异性主要来自税收波动的影响。本章认为这可能产生于以下两方面的原因:一方面,相较于经济发展的规模,国企分红的规模较小,很难通过干预分红行为应对地区经济的波动;另一方面,地方政府调节经济的措施多样,可以通过政府投资和居民消费等形式直接干预当地经济,而不会选择财政收入等较为间接的方式。

2. 投资波动因素

魏明海和柳建华(2007)发现,地方政府对国企的投资需求强度会带来企业分红的变化。同时,投资是中国长期以来经济发展的重要甚至是支柱性因素,投资规模的波动会直接带来当地税收规模的波动。在这一逻辑下,税收以及国企分红的波动均可能受到地方政府投资规模及数量的影响。为检验地区投资规模对企业分红差异的潜在影响,本章首先在基准模型(3-1)中加入地市固定资产投资规模(invest)控制变量,以控制地方投资需求强弱对企业分红差异的潜在影响,实证结果如表3-4第(3)列所示,β_1的大小和显著性基本上未变化;同时,本章还在基准回归中加入了反映企业当期投资活动的企业投资活动现金流额以及长期股权投资额作为控制变量,以控制企业投资活动的可能影响,实证结果如表3-4第(4)列所示,此时β_1仍然显著为负。这意味着本章实证结果不受地区或企业投资活动波动的影响。

3. 财政支出波动因素

地方税收收入波动可能引起地方支出的波动。当地方政府通过调整财政支出来应对税收收入波动时,税收波动可能难以对不同企业的分红规模产生影响。为此,本章首先将地方财政支出波动与地方国企的交叉项作为模型(3-1)中的核心解释变量,观察了财政支出端波动对企业分红的差异性影响,实证结果如表3-4第(5)列所示,可以看出,地方财政支出波动并没有引起不同企业间分红的差异。另外,本章将财政支出波动作为控制变量加入模型(3-1)中,实证结果如表3-4第(6)列所示,可以发现此时β_1的估计值有明显提高,意味着在控制地方支出波动的情况下,税收波动引起了地方国企更强的顺周期变化效应。从这两个实证结果可以看出,支出端的波动不会干扰本章主要实证结论。需要指出的是,

表 3-4 内生性检验：企业外部环境的变化

	parate (1)	*parate* (2)	*parate* (3)	*parate* (4)	*parate* (5)	*parate* (6)
$tax\_flu \times sbjct$		−37.801***	−24.392***	−33.689***		−45.014***
		(11.634)	(9.400)	(10.366)		(15.816)
tax_flu		11.707*	6.957	10.983*		2.446
		(6.449)	(6.423)	(6.350)		(8.196)
$x\_flu \times sbjct$	−4.557	48.522*			−2.054	40.323*
	(15.043)	(25.882)			(12.274)	(21.620)
x_flu	−5.228	−19.267			2.099	5.343
	(8.126)	(13.653)			(4.033)	(6.756)
$sbjct$	0.322	−0.518	0.263	1.379	−0.151	−0.752
	(3.034)	(4.957)	(4.827)	(6.184)	(3.099)	(5.047)

续表

	parate (1)	parate (2)	parate (3)	parate (4)	parate (5)	parate (6)
年份固定效应	是	是	是	是	是	是
行业×年份效应	是	是	是	是	是	是
是否包括控制变量	是	是	是	是	是	是
企业固定效应	是	是	是	是	是	是
样本量	13632	7044	7044	4743	13401	6775
R^2	0.134	0.152	0.151	0.196	0.134	0.153

注：括号内为对企业的聚类稳健标准误，*、**、**** 分别表示 t 统计量在 10%、5%、1% 水平上显著；第（3）列将地区固定资产投资规模取对数作为控制变量，第（4）列将企业投资活动现金流出额以及长期股权投资取对数作为控制变量；第（1）（2）列中 x 变量为地方 GDP，第（5）（6）列中 x 变量为地方财政支出。

第(6)列结果中财政支出波动与地方国企交叉项系数在10%水平上显著为正,这意味着控制住收入端波动因素后,地方财政支出的上行会显著提高地方国企分红规模,地方财政支出的下行则会显著降低国企分红规模,这一结果印证了国企分红作为非税收入的补充性功能。表3-4第(5)(6)两列进一步验证了本章基本逻辑,地方政府调节国企分红规模的主要目的是应对地方税收波动而非支出波动。地方国企分红变化的目的不是熨平支出波动,而是财政收入的波动,随着税收波动的下行或者上行,相较于其他企业,地方国企分红明显提高或者降低。

4. 分红政策变化

2004年以来,中国证监会不断出台上市公司分红监管政策。如2006年《上市公司证券发行管理办法》第八条第(五)项指出公开发行证券的条件之一为"最近三年以现金或股票方式累计分配的利润不少于最近三年实现的年均可分配利润的百分之二十",首次明确了上市公司分红比例,将企业分红政策与融资资格挂钩;2008年10月将这一规定修改为"最近三年以现金方式累计分配的利润不少于最近三年实现的年均可分配利润的百分之三十",比例上调;2011年11月推行"IPO分红新政",要求上市企业在公司章程以及招股说明书中明确利润分配规划和政策;2013年根据上市公司发展阶段及资金支出安排等特点制定不同分红政策。分红监管政策可能给不同类型企业带来差异化影响(李慧,2013),为此,本章在模型（3-1）基础上加入地方国企虚拟变量与不同年份的虚拟变量的交叉项，以控制不同时间点出台政策的分红效应，实证结果如表3-5第（1）列所示，实证结果并没有发生明显变化，β_1仍显著为负。

5.税收征管因素

在中国巨大的税收征管空间背景下，税收波动很可能引起地方政府征管强度的变化，不同企业在不同经济时期可能面临着差异化的征管环境，这一变化可能通过不同路径传导至企业分红决策及其规模上：一方面，企业的税收成本受政府税收征管强度影响。如在税收下行时期，民营企业所面临的税收征管更为严格，强度也更高，税收成本提高可能是其分红能力不足的重要诱因；另一方面，税收征管也可能对不同企业的融资约束带来不同影响，如于文超等（2018）发现税收征管的加强显著恶化了企业的融资约束，且这一效应主要体现在民营企业身上。可以认为，无论哪种路径，当地方税收波动引起税收征管强度的变化时，都可能给地方国企和其他企业之间带来差异化的影响，最终传导至国企分红上。为此，本章观察了地市税收波动对企业缴纳的增值税、营业税和企业所得税这三类主体税种的影响，实证结果如表3-5第（2）至（4）列所示，被解释变量为三类税种占企业营业总收入的比重；同时，本章也在基准模型中控制了这三个税收征管强度变量，观察对实证结果的影响，实证结果如表3-5第（5）

表3-5 内生性检验：企业内部环境的变化

	parate (1)	vatrate (2)	burate (3)	cinrate (4)	parate (5)
tax_flu×sbjct	−25.686**	−0.240	0.005	−0.510	−37.315***
	(12.697)	(0.254)	(0.047)	(0.637)	(11.993)
tax_flu	7.131	0.118	−0.057	0.201	12.155*
	(6.026)	(0.109)	(0.053)	(0.293)	(7.243)
sbjct	−0.635	0.042	−0.034	−0.106*	−0.685
	(6.711)	(0.067)	(0.032)	(0.063)	(6.707)
年份固定效应	是	是	是	是	是
行业×年份效应	是	是	是	是	是
是否包括控制变量	是	是	是	是	是
企业固定效应	是	是	是	是	是
样本量	6686	6686	4665	6945	4408
R^2	0.078	0.078	0.081	0.059	0.189

注：括号内为对企业的聚类稳健标准误，*、**、*** 分别表示统计量在10%、5%、1%水平上显著；第（2）（3）（4）列被解释变量分别为企业增值税、营业税和企业所得税占营业总收入的比重。

列所示，相较于表3-3第（4）列，此时β_1的绝对值明显变大。其原因可能是，在控制营业税征管强度后，由于很多上市公司企业主要以缴纳增值税为主，加上2016年营业税改增值税全面推开，这就使得很多上市公司的营业税数据缺失，造成实证样本量的急剧减少。无论如何，从表3-5第（2）至（5）列可以看出，地市税收波动并没有引起不同类型企业在税收征管层面的差异性变化。

6. 税收波动指标

遵循现有HP滤波分析文献的通行做法，本章选择了平滑参数$\lambda=100$来计算地方年度税收波动。尽管$\lambda=100$的设定被大多数文献所采纳，但也有部分文献采用了其他标准。如郭庆旺和贾俊雪（2004）在$\lambda=25$的设定下计算了中国的产出波动，拉文和乌利格（Ravn & Uhlig，2002）甚至认为在年度滤波分析时λ取值应为6.25。在进行HP滤波分析时，利用不同的λ取值所测算的地方税收波动结果不同，这可能影响本章的实证结论。为避免对平滑参数合理设定的过多讨论，本章在已有文献所采用过的不同λ取值标准下计算了地方税收波动情况，实证结果如表3-6所示，其中第（1）至（6）列实证结果分别是在$\lambda=400$、200、50、25、10以及6.25设定下的地方税收波动对国企分红的影响。可以看出，第（1）至（5）列实证结果中β_1显著为负，第（6）列β_1的t统计量绝对值大于1，仍可认为具有一定的显著性。不过，从各列实证结果来看，不同的λ

取值对β_1的大小和显著性具有一定的影响，为了克服HP滤波法的这一缺陷，本章还采用了汉密尔顿滤波方法计算了税收波动指标（Hamilton，2018；石绍宾等，2019），采用这一指标后模型（3-1）的实证结果如表3-6第（7）列所示，可以看出此时β_1仍然显著为负，地方国企分红仍然呈现出显著的顺周期特征。综合表3-6可以认为，本章实证结果具有较强的稳健性。

五、进一步的分析：异质性与假说

（一）异质性讨论

1.企业异质性

在应对税收波动时，非地方国有企业的分红特征也可能存在异质性。由于本章实证样本主要包括中央国有企业、地方国有企业以及民营企业，共占总体样本90%以上，其中以民营企业为主，因此为了观察企业异质性现象，本章采用模型（3-1），分别选择民营企业和中央国有企业作为非地方国有企业样本，观察不同企业之间的异质性反应。实证结果如表3-7第（1）至（2）列所示，其中第（1）列只选择了民营企业作为非地方国有企业，第（2）列只选择了中央国有企业作为非地方国有企业。可以发现两列系数均为负，其中第（1）列系数的t统计量在5%水平上显著，第（2）列系数的显著性

表 3-6 不同平滑参数设定下的地方税收波动对企业分红的影响

	parate (1)	parate (2)	parate (3)	parate (4)	parate (5)	parate (6)	parate (7)
tax_flu×sbjct	−20.600***	−22.071***	−27.184**	−28.894**	−27.377*	−25.592	−16.383*
	(7.566)	(8.226)	(11.124)	(13.296)	(16.186)	(17.645)	(8.700)
tax_flu	6.890	6.970	6.691	5.862	4.169	3.416	5.753
	(4.858)	(5.199)	(6.577)	(7.541)	(8.829)	(9.474)	(4.889)
sbjct	0.215	0.233	0.311	0.369	0.429	0.446	4.613
	(4.835)	(4.834)	(4.828)	(4.822)	(4.814)	(4.812)	(6.775)
年份固定效应	是	是	是	是	是	是	是
行业×年份效应	是	是	是	是	是	是	是
是否包括控制变量	是	是	是	是	是	是	是
企业固定效应	是	是	是	是	是	是	是
样本量	7044	7044	7044	7044	7044	7044	9642
R^2	0.152	0.152	0.151	0.151	0.151	0.150	0.109

注：括号内为对企业的聚类稳健标准误，*、**、*** 分别表示 t 统计量在 10%、5%、1% 水平上显著。

有所降低，但t统计量绝对值仍然大于1。为了进一步观察不同隶属关系的企业之间的异质性，本章也保留了隶属于省级政府及部门的企业样本，并将其作为控制组，观察此时模型（1）中的β_1，实证结果如表3-7第（3）列所示，可以发现此时β_1尽管仍然为负，但并不显著。可以认为，地方国有企业的顺周期特征主要是相较于民营企业和中央国有企业而言，相较于省级国有企业，这一特征不再存在。

本章认为这一方面可能与实证回归中控制组样本明显减少有关，当仅保留中央国有企业和省级国有企业作为控制组时，实证样本大幅减少。另一方面，这也可能与不同企业的股东构成有关。当本地地方政府参股各类企业并作为前十大股东时，能够一定程度地影响和干预企业分红决策。根据对2005—2017年各类企业前十大股东信息的整理可以发现，样本中至少有11.5%的中央国有企业，其前十大股东中有股东隶属于当地地方政府，而民营企业样本中前十大股东存在隶属于地方政府的比重均值仅为3.4%[①]，这一特征事实意味着地方政府更难以干预民营企业的分红决策。最后，中央国有企业和省属国有企业的异质性表现可能与企业隶属有关，由于

---

① 本章根据当年地方国有企业的大股东名称，确定股东是否属于地方国有企业，再利用大股东信息对前十大股东信息进行匹配，以判断前十大股东中是否存在隶属于地方政府的情况。这一办法只可能低估其他企业中地方政府参股的比例。

地方政府和省属国有企业实际控制人处于同一个地区且层级相近,两者拥有更为畅通的沟通渠道,因此省属国有企业能够更好地配合地方政府财政意愿,而中央企业实际控制人隶属于中央政府及部门,层级关系和地域差异使得中央国有企业的分红决策较少受到地方政府干预。

表 3-7 税收波动的异质性效应

	parate (1)	parate (2)	parate (3)	parate (4)
$tax\_flu \times sbjct$	−28.356*** (10.621)	−17.921 (12.885)	−10.153 (13.439)	
$tax\_flu \times sbjct \times Recession$				−44.851** (19.882)
$tax\_flu \times sbjct \times Boom$				−0.190 (18.556)
样本量	5385	2041	1927	7044
R^2	0.177	0.312	0.304	0.152

注:括号内为对企业的聚类稳健标准误,*、**、*** 分别表示 t 统计量在 10%、5%、1% 水平上显著。各列均包括了控制变量、年份固定效应、企业固定效应以及年份与行业交叉项固定效应。

2. 波动异质性

税收上行波动和下行波动的影响可能是非对称的。为了揭示税收波动在上行和下行期对国企分红的不同效应，本章参考方红生和张军（2009）的定义，分别用虚拟变量的做法定义下行和上行，考察波动的非对称性影响，模型如式（3-2）所示。

$$\begin{aligned} parate_{ijt} = & \alpha + \beta_{11} \times tax\_flu_{jt} \times sbjct_{it} \times Recession_{jt} + \\ & \beta_{12} \times tax\_flu_{jt} \times sbjct_{it} \times Boom_{jt} + \\ & \beta_{2} \times sbjct_{it} + \beta_{31} \times tax\_flu_{jt} \times Recession_{jt} + \\ & \beta_{32} \times tax\_flu_{jt} \times Boom_{jt} + X\gamma + \delta_{mt} + \\ & \mu_{i} + \rho_{t} + \varepsilon_{ijt} \end{aligned} \quad (3\text{-}2)$$

其中，$Recession_{jt}$表示税收波动下行的虚拟变量，当$tax\_flu_{jt}<0$时，有$Recession_{jt}=1$，否则为0；$Boom_{jt}$表示税收波动上行的虚拟变量，当$tax\_flu_{jt}>0$时，有$Boom_{jt}=1$，否则为0。模型（3-2）的实证回归结果如表3-7第（4）列所示。可以发现，此时β_{11}显著小于0，β_{12}并不显著，这说明税收波动的顺周期影响主要形成于下行时期，而上行时期这一影响并不明显，即在税收波动下行期间地方政府要求地方国有企业扩大企业分红以稳定地方财政收入，而税收上行时期地方政府财政收入较稳定，并不需要干预国企分红。这与本章假说和主要实证结论一致。

（二）备择竞争假说：国企的"抗风险"和"社会责任"

以上结果表明，国企分红呈现出明显的顺周期特征。根据本章的假说，这是地方政府在应对财力缺口时的一种表现。不过，第四部分的实证结果除可能反映了税收波动对国企分红这一非税收入的直接影响外，还可能存在其他备择竞争解释。

一种解释是，这可能与国企的抗风险能力有关。已有的研究表明，相较于其他企业，国有企业可能具有更强的抗风险能力，这主要体现在国企在信贷融资（Song et al., 2011；余静文，2012）、环境监管（黄冬娅和杨大利，2018）、土地出让（赵文哲和杨继东，2015）以及财政补贴（孔东民等，2013）等方面具有天然优势。这些优势可能使国企在税收经济下行时仍具备更高的盈利能力，为更大规模的企业分红提供了基础条件，本章称之为"抗风险"假说。

为检验该假说，本章首先观察了税收波动对企业各类运营成本的影响，实证结果如表3-8第（1）至（5）列所示，各列被解释变量依次是营业总成本占营业总收入的比重（$cost$）、销售费用占营业总收入比重（$secost$）、管理费用占营业总收入比重（$macost$）、财务费用占营业总收入比重（$ficost$）以及资产减值损失占营业总收入比重（$asloss$）。可以看出，国企的营业总成本、销售费用以及财务费用等成本指标表现出一定

表 3-8 "抗风险假说"检验：成本与成长类变量

	cost (1)	secost (2)	macost (3)	ficost (4)	asloss (5)	trev (6)	prf (7)	tprf (8)	nprf (9)
tax_flu×sbjct	3.529*	1.894	−0.590	1.435	0.186	1.034	20.226	−111.152	−71.138
	(1.939)	(1.247)	(1.129)	(1.008)	(0.571)	(9.431)	(148.579)	(235.463)	(90.124)
tax_flu	−0.271	−0.623	0.334	0.250	0.436	1.059	−46.331	−437.254	−27.292
	(1.303)	(0.616)	(0.676)	(0.475)	(0.444)	(7.935)	(104.442)	(373.348)	(62.182)
sbjct	−0.137	−0.041	0.475	0.573**	−0.204	−2.816	26.808	−1373.658	57.816
	(1.073)	(0.317)	(0.443)	(0.266)	(0.324)	(5.328)	(53.252)	(1584.499)	(48.518)
是否包括控制变量	是	是	是	是	是	是	是	是	是
年份固定效应	是	是	是	是	是	是	是	是	是
行业×年份效应	是	是	是	是	是	是	是	是	是
企业固定效应	是	是	是	是	是	是	是	是	是
样本量	6931	6743	7043	6931	6830	7044	7044	7044	7044
R^2	0.354	0.154	0.206	0.141	0.200	0.160	0.061	0.030	0.110

注：括号内为对企业类聚稳健标准误，*、**、*** 分别表示 t 统计量在 10%、5%、1% 水平上显著。

的逆周期特征。然而,"抗风险"假说的关键是企业盈利状况,因此本章分别从企业成长性和盈利性两方面进行了观察:一方面,在经济下行时,相较于控制组,地方国企可能面临着更大的发展机遇,表现出更强的成长能力;另一方面,经济下行时的更低成本可能造就了国企更强的盈利能力。两种情形均可能引起国企分红规模的扩张。表3-8第(6)至(9)列报告了税收波动对企业成长性变量的影响,分别为营业总收入($trev$)、营业利润(prf)、利润总额($tprf$)以及净利润($nprf$)这四个指标的同比增长率。可以看出,税收波动未引起地方国企和非地方国企成长性指标的差异性变化。

表3-9报告了税收波动对企业盈利指标和财政补贴规模的影响,第(1)至(7)列的被解释变量分别为每股营业总收入($ptrev$)、每股营业收入($prev$)、利润与营业总收入的比重($prorate$)、净利润与营业总收入的比重($nprorate$)、净资产收益率(roe)、总资产报酬率(roa)以及财政补贴加1后取对数($lnsubsidy$)。可以看出,地方国企盈利类或财政补贴类指标没有在税收波动时表现出与其他非地方国企的显著差异。

综合表3-8和表3-9,可以认为国有企业的"抗风险"假说难以成立,地方税收波动对国企分红的显著负向影响很难被认为是国企抗风险能力的体现。不过,可能存在的另外一种解释是,**经济波动期间的国企社会责任感可能使国企分红呈现出顺周期特征**。一般认为,相较于非国有企业,国企具有

表 3-9　"抗风险假说"检验：盈利与补贴类变量

	ptrev (1)	prev (2)	prorate (3)	nprorate (4)	roe (5)	roa (6)	lnsubsidy (7)
tax_flu×sbjct	−0.146	−0.171	−1.169	−0.842	0.634	−0.502	0.161
	(1.637)	(1.637)	(2.554)	(2.442)	(2.242)	(0.644)	(1.484)
tax_flu	0.198	0.216	−2.008	−0.236	1.907*	0.001	0.612
	(0.699)	(0.698)	(1.414)	(1.573)	(1.138)	(0.352)	(0.740)
sbjct	0.824	0.832	1.195	1.468	−5.094***	0.159	0.216
	(0.545)	(0.546)	(1.609)	(1.828)	(1.406)	(0.305)	(0.688)
是否包括控制变量	是	是	是	是	是	是	是
年份固定效应	是	是	是	是	是	是	是
行业×年份效应	是	是	是	是	是	是	是
企业固定效应	是	是	是	是	是	是	是
样本量	7044	7044	7044	6931	7044	7044	5646
R^2	0.279	0.326	0.216	0.820	0.178	0.178	0.473

注：括号内为对企业的聚类稳健标准误，*、**、*** 分别表示 t 统计量在 10%、5%、1% 水平上显著；由于第（5）列被解释变量为基准回归式（3-1）的控制变量，因此实证回归时控制变量不包括 roe 变量。

更强的社会责任感,这也可能解释本章主要实证结果。本章称相关假说为"社会责任"假说。

一方面,如前所述,税收波动与经济波动联系密切,在促进国家和经济发展的企业社会责任(徐尚昆和杨汝岱,2007)驱使下,国企分红可能随经济变化而形成波动。不过,表3-4第(1)(2)列结果否定了这一解释。另一方面,地方国企还可能承担着稳定财政收入的社会责任。如陈冬等(2016)发现国有企业愿意在经济下行期多缴税收,帮助政府达成财政支出和社会稳定等目标,此时国企会减少避税程度,呈现显著的"逆经济周期支持效应"。相同的逻辑下,国企可能出于责任感来稳定地方财政收入。这一假说更加突出企业自主意愿。

为了验证后一假说,本章首先检验了大股东控制能力对国企分红波动规律的影响。一般来说,在企业主观意愿发挥主导作用时,分红波动特征容易受到大股东持股比例的影响。随着大股东持股比例的提高,国企实现其主观意愿和承担社会责任的可操作性将会加强;而在地方政府的直接影响下,国企分红规模更容易被直接限定,其大小与大股东持股比例无关。在这一推断下,本章在模型(3-1)的基础上,利用原模型变量与 *bigerate* 的相乘项作三重差分(DDD)回归,实证结果如表3-10第(1)列所示。可以看出,三变量交叉项系数并不显著,说明国企分红波动特征与企业大股东持股比例并无关系，国企分红的顺周期特征并没有随着大股东持股比例的提高而得到强化。

其次，陈冬等（2016）提出企业经营能力的强弱能够决定上市公司在纳税方面选择顺经济周期的防御效应还是逆周期的支持效应，即在企业自主选择下，经营能力越强的企业越有能力在下行时期提供纳税方面的支持，而经营能力弱的企业则容易在下行时期增强避税行为。同一逻辑下，企业出于自主意愿作出选择时，经营能力强的上市公司容易选择更大规模的分红行为，而经营能力弱的上市公司则可能选择不分红或者少分红，此时作 DDD 回归将观察到 $tax\_flu \times sbjct$ 与经营能力变量的交叉项系数显著为负。为此，本章选择资产收益率（ROA）与净资产收益率（ROE）作为企业经营能力强弱的变量，检验企业盈利能力对分红特征的影响，实证结果如表 3-10 第（2）（3）列所示，此时交叉项系数并没有显著为负，而是表现出一定的正向关系，这表明营业能力越强的地方国企，其分红顺周期特征反而更弱，进一步说明顺周期特征的形成与企业的自主意愿和能力并无直接关系。

在排除地方国企的大股东结构及企业盈利能力对地方国企分红特征的影响后，基本可以断定地方国企的自身特征并不会显著影响地方国企分红的顺周期表现。在此基础上，本章最后尝试分析地方国企控制人对国企分红特征的影响。在地方国企控制人中，与地方财政具有直接联系的控制人主要

表 3-10 "社会责任感"检验

	parate (1)	parate (2)	parate (3)	parate (4)	parate (5)
$tax\_flu \times sbjct$	-8.252	-43.244***	-39.359**	8.036	-22.711**
	(30.479)	(16.323)	(17.320)	(20.932)	(9.677)
tax_flu	5.660			7.669	6.918
	(11.186)			(6.016)	(5.813)
$sbjct$	-0.442			12.018	-2.278
	(8.180)			(14.458)	(4.183)
$tax\_flu \times sbjct \times Z$	-0.406	2.828**	1.771		
	(0.816)	(1.440)	(1.219)		
是否包括控制变量	是	是	是	是	是

续表

	parate (1)	parate (2)	parate (3)	parate (4)	parate (5)
地区固定效应	是	是	是	是	是
年份固定效应	是	是	是	是	是
行业×年份效应	是	是	是	是	是
企业固定效应	是	是	是	是	是
样本量	7044	6931	7044	6003	6877
R^2	0.178	0.151	0.152	0.154	0.151

注：括号内为对企业的聚类稳健标准误，*、**、***分别表示 t 统计量在10%、5%、1%水平上显著；其中第（1）列中的 Z 变量为大股东持股比例，第（4）（5）列中的 Z 变量分别为资产收益率和净资产收益率。

是地方人民政府和财政部门,当税收存在一定的波动时,这两类控制人能够直接将分红需求传导到下属企业,而传导到其他类型控制人下属的企业则更为间接,这可能影响税收波动的实际效果。在社会责任假说下,地方国企主动承担稳定税收的责任,这一行为与其控制人身份的关系理应不大。为此,本章删除了地方国企实际控制人为地方政府和财政部门的样本,仅以企业实际控制人为地方其他部门的地方国企作为地方国有企业,其他样本保持不变,此时模型(3-1)的回归结果如表3-10第(4)列所示,可以发现交叉项系数不再显著;同时,本章仅保留了地方国企实际控制人为地方政府和财政部门的企业样本作为地方国有企业,其他样本保持不变,此时模型(3-1)的回归结果如表3-10第(5)列所示,可以看出交叉项系数仍然显著。表3-10第(4)(5)列结果与国企社会责任假说相矛盾,国企分红波动规律更主要是来自地方财政的需求。综合表3-8至表3-10可以认为,"抗风险"和"社会责任"假说均难以解释本章的实证结果。

  以上实证结果表明,地方国企分红在应对税收波动时表现出明显的顺周期特征。尽管地方国企分红是一种典型性的非税收入,但并没有证据表明中国所有的非税收入均具有顺周期特点。同时,国企分红与其他非税收入也存在本质的区别:前者体现的是政府作为资本所有者身份获得的收益,而后者更多是政府作为行政管理者身份获得的权利,两者在收入本质上存在差别。不过，本章实证结果证实了地方政府的财政收入组织逻辑，即当地方财政收入组织存在一定困难时，地方政府将积极利用非税收入补充财政收入，这意味着地方政府也可能通过加大征管力度等方式扩大其他非税收入。如本章搜集了2017年第一季度至2019年第三季度的《国家重大政策措施贯彻落实情况跟踪审计结果》[①]，汇总了关于"违规开征新的收费项目"以及"违规将本应由政府负担的费用转嫁给企业"的省份信息，发现这一时期内中国25个地区[②]均被披露出存在这类现象，这些典型案例意味着中国非税收入的顺周期性很可能不仅限于国企分红这一类。在经济发展不同程度的各个地区，非税收入在收入下行时期均发挥着弥补税收收入的重要职能。

六、结论及启示

囿于非税收入数据和统计口径等因素的限制，本章以国企分红作为非税收入的典型研究对象，集中讨论了地方税收波动对地方国企分红规模的影响。实证结果表明，国企分红

[①] 审计署各季度对国家重大政策落实情况进行审计监督，随着减税降费政策的推行，政府违规收费等方面愈发受到关注。

[②] 被披露的地区包括：北京、福建、甘肃、广西、贵州、河南、河北、黑龙江、湖北、湖南、吉林、江西、辽宁、宁夏、青海、山东、山西、陕西、上海、四川、天津、新疆、云南、浙江、重庆等。

表现出明显的顺周期性特征：当税收收入低于潜在收入时，相较于非地方国有企业，地方国企分红比例将显著提高，以弥补地方财政可能出现的缺口；当税收收入高于潜在收入时，地方国企分红将不再发挥非税收入的补充性职能，分红比例相较于非地方国有企业显著降低。机制路径检验表明，国企的抗风险能力或社会责任等其他假说无法解释这一现象。本章结果为当前中国财政政策的实施和完善提供了一定参考。

第一，收入端的积极财政政策在"减税"之余，也应注重对企业"降费"。随着2016年营改增全面铺开，2018年5月制造业及运输行业等行业增值税税率下调1个百分点，2019年4月增值税税率继续下调3个或1个百分点，中国进入全面大幅减税新时代。减税短期内必然带来财政减收，因此最终是否实现"企业降负"仍然取决于地方政府是否通过"费"方面的收入来弥补财政缺口。一方面，在当前的"减税"基础上，应继续出台实质性"降费"措施，清理规范涉企收费，提高企业减税"获得感"；另一方面，应注重"关前门，堵后门"，提高非税收入的管理规范度，避免地方政府通过其他收入端口提高地方财力，将所降税收最终转嫁到企业其他非税成本上。

第二，应顾及逆周期宏观经济政策对地方财力的影响。经济下行时期的逆周期财政政策在短期内不可避免地会对地方政府财力造成冲击。要从根本上减少财力冲击的影响，应以"疏"代"堵"，可适当提高地方政府债务限额，保障政府支出活动，防范地方政府通过"支出端"或者"非税端"等路径应对地方财力的短期缺口。财政收支活动的精细化和地方财力的有限性约束更对跨年度预算平衡机制提出了内在需求和要求，中国应加快建立和完善跨年度平衡预算机制，熨平经济周期波动对财政收支尤其是地方财政收入的波动性影响，为减少地方政府在波动时期的"越位"和"缺位"等行为可能带来的"逆宏观政策效应"提供基础制度保障。当然，为避免减税政策过多由地方政府买单，通过增值税等中央地方共享税实施减税亦不失为一种可选方案。

第三，加快推动落实非税收入的法定原则。广义上的非税收入是除去税收收入的所有财政收入，根据这一定义，2017年非税收入占四本预算之和约为50%[①]。如此庞大的非税规模为地方政府提供了广阔的征管弹性空间，其顺周期表现不仅制约着中国逆周期财政政策的实施效果，更可能不利于中国经济和财政的长远发展。原因在于，持续减税与企业税负痛感不减的"矛盾现实"，将促使决策者不断地推出减税措施并加大减税力度，这既可能削弱政府财政能力，也可能限制未来财政政策工具的施展空间。因此，加快推进非税收入的法定原则，强化对非税收入立项和标准的审批，减少非税收入的顺周期特征，也应是中国财政政策制度现代化的重要内容。

[①] 数据来源：财政部决算报告及公布数据。此处四本预算采取简单相加方式，即使考虑预算之间的调增调减，也并不影响主要结论。

需承认的是,基于数据限制和统计口径的变化等原因,本章选择了地方国企分红为切入点验证中国非税收入的顺周期性,但其他非税收入是否具有顺周期特征,仍需要进一步的实证证据支持,这有待未来的更深入研究。

第四章 财政紧平衡与收入时间结构[*]

一、引言

财政支出活动中的年末安排现象近年来被广泛关注,也吸引了众多研究者对其进行细致讨论和分析(汪德华和李琼,2018;吴敏等,2019;王振宇等,2020)。实际上,在财政收入活动中,地方政府年末组织收入现象也屡见于官方报道,其初衷是完成财政收入目标。在当前财政制度背景下,这一行为对于各级政府支出活动的保障和年度预算的平衡具有重要意义。

然而,年末组织财政收入容易引发几个弊端。一是,这给企业带来了非预期的税收负担,不利于企业的正常经营活动,尤其是这种行为更容易发生在经济下行波动时期,很可能进

---

[*] 本章原载于《财贸经济》2022年第8期,题为"经济波动与收入年末效应:特征及路径",合作者杜爽。收入本书时有修改。对合作者的贡献,在此一并致谢。

一步放大对企业的负面影响。二是，为了实现收入目标和达到上级考核要求，一些基层财政仍可能甚至不得不依赖如过头税等做法（郑文敏，2005），这类做法妨碍了中国税收法治化进程。三是，这一现象可能引起财政数据的失真，地方政府通过加强征管或稽查等方式提高收入规模，由此带来的税收数据骤然提高容易扭曲税收与经济变量之间的真实关系，通过税收空转等方式虚增收入的做法则直接导致中国财税数据的失真。

遗憾的是，这一现象并没有引起社会公众和研究者的足够关注和重视，相关主题的研究文献寥寥，直接的实证讨论更为匮乏。基于这一背景，本章观察了经济波动对中国地方财政收入年度结构的影响。研究结果表明，随着经济的下行波动，财政年度收入结构发生明显变化，地方政府第四季度财政收入占全年比重明显更高，且这一现象主要发生在11月。进一步的机制分析表明，加强企业所得税的征管强度和税收空转均是地方政府财政收入年末效应的重要形成路径，经济数据挤水分冲击通过杜绝税收空转有效地弱化了年末效应。挤水分后，为了实现收入目标，地方政府加强了国有企业的税收征管，经济下行波动时期的上市公司企业所得税税负在年末仍处于更高水平。

本章的边际贡献及创新主要体现在以下三点。第一，本章首次从宏观和微观两个维度揭示了中国财政收入的年末效应,这是政府预算执行进度的一项重要规律。从已有研究成果来看,不少研究关注了财政支出的时间进度特征,而作为中国税收征管实践的重要内容,财政收入的时间进度特征却鲜少得到讨论。相较支出年末效应,收入年末效应更值得研究者关注和重视,这不仅由于收入年末效应可能直接对市场主体运行成本造成影响,更是因为收入年末效应容易制约经济下行背景下积极财政政策的实施效果,这一问题的探讨对于当前中国宏观经济复苏具有积极意义。

第二,本章揭示了地方政府收入年末效应的主要形成路径,也是少有的尝试为中国税收征管实践中税收空转现象提供实证证据的文献。已有实证文献的工作主要集中于对执行进度形成原因的探讨,而对进度形成路径的讨论极为匮乏。在对收入年末效应的形成背景加以分析的基础上,本章进一步对这一现象的形成路径作了系统讨论,这为当前中国积极财政政策的提质增效提供了方向之一,即财政审计部门应着重关注年底企业税负尤其是企业所得税的变化,从严把控经济数据和财政数据质量。中国年度平衡预算背景下的收入目标管理制度也有待进一步完善,严防"上半年减税降费,下半年保收增收"。

最后,本章也为税收计划刚性特征提供了补充性证据。大量文献从征管能力和征管努力两个角度对企业税负的形成进行了理论分析和实证研究(Pomeranz, 2015; Khan et al.,

2016；Chen，2017），近年来开始出现少量实证讨论税收计划对企业税负影响的研究（白云霞等，2019；田彬彬等，2020），这有益于揭示实践过程中征管能力和努力的形成。本章实证结论为这一论点提供了补充性证据。此外，本章实证结论对于中国企业所得税等税种的顺周期性（李明等，2016；石绍宾等，2019）也具有较强的解释力，并且为发展中国家的税收顺周期特征（Gavin & Perotti，1997；Vegh & Vuletin，2012）提供了一种解释。

本章余下部分安排如下：第二部分主要回顾了相关文献和介绍了收入年末效应的形成背景，并提出了本章的主要假说；第三部分介绍了本章的实证策略，对主要变量进行了说明；第四部分是基础实证结果及稳健性检验；第五部分是异质性讨论，检验了年末效应在经济发展不同程度的地区、不同行政级别城市以及不同经济增长预期等方面的差异性表现；第六部分分析了地方政府组织收入的主要方式；第七部分是本章的结论及政策建议。

二、文献回顾与假说提出

（一）文献回顾

长久以来，中国各级政府均在每年年末制定下一年度的预算收入和税收计划目标。在实际组织财政收入的过程中，这一收入计划兼具法律严肃性和指令性，是业绩考核的重要指标（匡小平和何灵，2006）。每年度收入计划具有绝对的刚性，各级政府必须足额完成，否则将面临一票否决制的考核压力（郑文敏，2005）。另一方面，收入计划的刚性也与中国政府的预算模式有关，中国政府长期施行的年度预算平衡机制决定了财政收入是必须完成的约束性指标，当财政收入未完成时，政府支出活动和安排将无法得到保障（杨志勇，2015）。

预算收入计划的刚性特征也逐渐得到不少文献的实证证据支持。白云霞等（2019）搜集了2002—2012年中国省级税收计划数据，发现地税局完成税收计划的样本占比约为99%，国税局完成计划占比约为97%，在此基础上，他们检验了税收计划压力对企业税负的影响，发现国税局税收计划压力和地税局税收计划压力均显著地提高了企业税负，税务部门为了完成税收任务，均相机提高了税务稽查力度以平滑收入。田彬彬等（2020）基于2008—2015年全国税调数据，以地市一般公共预算收入预期增长率为税收任务指标，发现地方税收任务与税收征管力度显著正相关，且这一现象主要集中于未完成税收任务和恰好完成税收任务的组别。不难看出，已有研究认为税收任务是地方政府税收努力的重要影响因素，并从企业税负角度提供了税收努力的直接证据。

事实上，收入刚性特征也可能引起预算执行进度的结构性变化。尽管这一现象仍未得到学界的关注,但相当部分文献从支出角度验证了预算刚性特征与执行进度的结构性变化,并提供了丰富的实证证据。如崔军和李苗(2019)基于1995—2018年全国层面的数据发现12月财政支出占比为20.96%,分省份看,黑龙江、内蒙古及北京等地的12月支出占比处于较高水平。不少文献还对支出预算执行进度的年末效应的形成原因进行了分析。汪德华和李琼(2018)发现大量财政支出采用项目支出的形式,会引起财政支出预算执行进度出现前低后高、年底突击花钱的现象。吴敏等(2019)从转移支付角度提供了支出进度结构性变化的证据,他们发现一般性转移支付和专项转移支付均会显著提高地方预算支出规模,这使得12月出现超额支出,且专项转移支付对12月超额支出的效应更大。王振宇等(2020)发现国库暂付款规模越大,地方政府财政预算执行进度越慢。根据以上文献可以发现,支出刚性特征很容易引起支出执行进度的结构性变化,这也为财政收入的年末效应提供了逻辑基础:当税务部门在正常进度下无法完成收入计划时,将不得不在预算执行时间节点前突击组织收入,这直接改变了财政年度收入结构。

支出年末效应和收入年末效应均是预算刚性特征背景下的政府活动现象。支出年末效应可能制约财政支出效率的提升;相较支出年末效应,收入年末效应可能产生更大的影响且更值得关注。与支出年末效应主要由政府部门实施完成不同，收入年末效应容易直接加大市场主体的经营成本，可能对市场主体的发展及其竞争能力形成不利冲击，这在当前经济下行压力较大的背景下尤需注意。尽管如此，从以上文献不难发现，目前仍未有研究关注收入的年末效应，更未对收入年末效应的实现路径展开系统分析和讨论，这不仅不利于理解中国预算执行进度的主要规律及其形成原因，也易制约中国经济下行压力下积极财政政策的进一步提质增效。

（二）假说提出

尽管关于收入年末效应的学术研究和讨论极少，但这一现象并不少见。如陕西省渭南市在2011年11月开始为期两个月的"抓收入突击月"活动，提出采取超常措施，从加大征管和税务稽查等方面确保收入任务的完成[1]；河北省唐山市国税局在2016年10月打响组织收入的"百日会战"，从落实责任、税收征管和稽查等方面尽最大努力完成各项税收任务[2]；江苏省高邮市税务局在2017年10月开展"组织收入突击季"活动，从目标分解、领导挂帅等要求着手，确保"突击季"收入任务不折不扣完成[3]。

---

[1] 资料来源：http://www.weinan.gov.cn/news/bdyw/99148.htm。
[2] 资料来源：http://www.tangshan.gov.cn/zhuzhan/guoshui/20161008/358681.html。
[3] 资料来源：http://wmdw.jswmw.com/home/content/?1410-4394320.html。

这一现象随着经济波动下行可能更为突出。在经济处于下行周期时，地方政府更容易出现难以完成财政收入计划的问题，必须采取一些增收措施加以应对。中国税收发展实践也反映了这一问题，当宏观经济或者地区经济的增速放缓时，各级政府开始"狠抓增收节支"。如在2009年经济增速放缓的背景下，财政部原部长谢旭人回顾2009年财政工作时提到，各级财政部门"面对经济增速明显放缓……狠抓增收节支，圆满完成全年财政收支预算目标"[1]；2012年7月又指出，"经济增速趋缓等原因致使上半年中国财政收入增速回落，因此强化财政科学管理、狠抓增收节支成为财政部门下半年的要务"[2]。内蒙古财政厅负责领导在2014年8月接受采访时谈到，"下半年我区面临的外部经济环境仍然较为复杂，全区各级财政部门要……狠抓增收节支"[3]；四川省泸州江阳区在2016年全国经济放缓的背景下，通过强化税收征管、狠抓增收节支以及强化任务考核监督等手段，完成年初设定的收入任务[4]；等等。

一些地方政府甚至专门出台相关政策文件，确保财政收

---

[1] 资料来源：http://www.ccgp.gov.cn/zycg/tt/201311/t20131111_3590818.htm。

[2] 资料来源：http://news.cntv.cn/20120727/103359.shtml。

[3] 资料来源：http://china.nmgnews.com.cn/system/2013/08/19/011108798_01.shtml。

[4] 资料来源：http://lz.newssc.org/system/20170104/002090145.html。

入任务的完成。如山东省2009年发布《山东省人民政府关于进一步做好财政增收节支工作的通知》，以"应对国际金融危机对经济财政运行的影响，圆满完成全年财政预算任务"；四川省自贡市2014年出台的《自贡市人民政府关于进一步做好增收节支工作促进经济平稳发展的意见》提到，为"应对宏观经济增速放缓、下行压力加大对财政增收的不利影响"，应采取强化税源管控及堵塞征管漏洞等措施；辽宁省营口市2015年发布的《营口市人民政府办公室关于进一步强化增收节支工作的意见》指出，当前"实体经济下行压力加大……，为确保完成财政各项目标任务"，需加强实体税收分析调度、推进综合治税以及加大税收核定和稽查力度；等等。以上案例充分说明，经济增速放缓时，地方政府"狠抓增收"是确保财政收入目标的重要举措，这容易导致年末财政收入占比的明显提高。

实际上，收入年末效应与中国收入计划使用基数法确定密切相关。根据基数法，预算编制时需要基于上年度经济增长情况对下年度增长作出预测，在得到增长率预测值后，结合上年预算收入实际规模，确定下年度目标数。如《中华人民共和国预算法》(2018年12月修正)第四章第三十二条规定，"各级预算应当根据年度经济社会发展目标、国家宏观调控总体要求和跨年度预算平衡的需要，参考上一年预算执行情况、有关支出绩效评价结果和本年度收支预测，按照规定程序征求各方面意见后,进行编制";第三十六条规定,"各级预算收入的编制,应当与经济社会发展水平相适应,与财政政策相衔接"①。这充分说明,各级政府在年初确定本年度经济增速并相应作出预算收支安排后,一旦地方遭受未被政府提前预期到的经济下行冲击,回落的经济增速很难保障预算收入目标的完成,财税部门难以在征管水平不变的条件下组织相应规模的预算收入规模。

可以通过一个简单模型模拟财政部门制定收入计划的过程②。

假设 t 期经济规模和财政收入的实际增速分别为 y_t 和 x_t,且有:

$$x_t = f(y_t) \qquad (4-1)$$

其中 $f'(y_t) > 0$,即经济增速越高,财政收入的增速越快。经济规模和财政收入规模分别为 Y_t 和 X_t,在预测 $t+1$ 期的财政收入目标 $\hat{X}_{t+1}$ 时,根据对经济增速的预测值 $\hat{y}_{t+1}$ 进行主要判定,即 $\hat{x}_{t+1} = f(\hat{y}_{t+1})$,那么 $t+1$ 期的收入规模估计值为:

---

① 1994年《预算法》第二十五条的相关表述为"中央预算和地方各级政府预算,应当参考上一年预算执行情况和本年度收支预测进行编制",第二十九条的相关表述为"各级预算收入的编制,应当与国民生产总值的增长率相适应"。

② 在财政预算编制过程中,预算收入的确定需要考虑宏观调控方向等其他因素。尽管本章分析中没有考虑这些因素,但其并不影响本章的主要假说。

$$\hat{X}_{t+1} = (1+\hat{x}_{t+1}) \times X_t = [1+f(\hat{y}_{t+1})] \times X_t \quad (4-2)$$

从式（4-2）可知，对 $t+1$ 期财政收入规模的预估是由基数 X_t 和经济增速预测值 $\hat{y}_{t+1}$ 两个因素决定的，因此这一确定收入的方法也被称为传统计划模式下的"基数+增长率"方法（杨国林等，2017）。当经济下行导致经济实际增速不及预期增速，或本地经济发展突然承受了未被各级政府提前预期到的经济下行或收缩性宏观调控时，即 $t+1$ 期的经济实际增速 y_{t+1} 小于预测增速 $\hat{y}_{t+1}$ 时，$t+1$ 期财政收入规模的理论值为：

$$\widetilde{X}_{t+1} = [1+f(y_{t+1})] \times X_t \quad (4-3)$$

由于 $f'(y_t) > 0$，因此有 $\widetilde{X}_{t+1} < \hat{X}_{t+1}$。然而，财政收入计划的刚性特征决定了 $t+1$ 期实际的收入规模 X_{t+1} 不得低于 $\hat{X}_{t+1}$，即必须有

$$X_{t+1} \geqslant \hat{X}_{t+1} > \widetilde{X}_{t+1} \quad (4-4)$$

式（4-4）意味着，为了实现财政收入计划目标，实际财政收入必须超过理论财政收入，这不仅决定了按照以往的财政收入组织形式和强度，地方政府很难完成收入计划；也意味着在现有征管条件下，税务部门很难按照正常的时间进度完成收入任务，地方政府必须依靠较为特殊的增收手段，通过年末组织收入的方式确保当年目标的完成，这直接改变了财政收入的时间结构。

同时，在上年度收入计划制定时，依据的收入增速往往

是在下年度预期经济增速的基础上再提高若干百分比，这一方式进一步加大了非预期经济下行时期的目标完成难度。在收入任务的强制性约束下，地方政府及部门在经济处于下行周期时，不得不在年末组织财政收入，以实现年初设定的预算收入目标。不仅如此，《国家税务局系统组织收入工作考核办法（试行）》还对地方政府的税收负担增减率和弹性系数增减率作出要求，规定税收弹性系数等于或高于上年数值时可以加分，低于上年数值则扣减考核分数。这一办法使得税收计划的增速必须超过地区经济的增长速度，进一步加大了经济下行时期地方政府完成税收任务的难度。基于以上分析，本章提出的主要假说是：

经济下行容易引起地方政府年末组织收入的现象，年末收入占比将明显提高。

根据理论分析，经济下行波动并不必然引起年末组织收入现象。只有在经济下行波动未被地方政府年初预期到或下行波动程度超过政府预期水平时，正常的财政收入组织进度和活动才难以实现收入任务，从而可能引起年末效应。同时，从以往狠抓增收方式看，地方政府主要强调加强征管以及加大稽查力度等办法，但对于一些财力有限且处于经济下行周期的欠发达地方政府尤其是基层政府而言，可能不得不依赖税收空转等非常规手段实现收入目标。这些均需要本章作进一步实证讨论。

三、实证策略与数据说明

（一）实证策略

为了验证本章的主要假说，判断地方财政在经济波动下行时期是否更容易出现年末组织收入现象，本章选择了模型（4-5）进行实证检验，观察地方经济波动对当年财政收入结构的影响：

$$revrate_{itq} = \beta_0 + \alpha_1 \times end_q \times gdpflu_{it} + \beta_1 \times end_q + \\ \beta_2 \times gdpflu_{it} + X\gamma + \varphi_{iq} + \omega_{qt} + \varepsilon_{itq} \quad (4-5)$$

其中，$revrate_{itq}$ 是地市 i 在年份 t 在第 q 季度的财政收入占当年财政收入比重，end_q 为季度末的虚拟变量。如第二部分所分析，年底组织财政收入主要体现在年末第四季度，因此当 $q=4$ 时有 $end_q=1$，否则为 0；$gdpflu_{it}$ 为利用 HP 滤波法测算地方实际 GDP 滤波值后的相反数，该值大于 0 表示该地方经济处于下行周期，小于 0 表示地方经济处于上行周期；X 是可能影响地方财政收入的地市层面控制变量集，包括地市 GDP、第二产业占比、第三产业占比、社会消费品零售总额、财政支出规模等变量；模型（4-5）中还加入了地市与季度交叉项固定效应 φ_{iq} 以及年份与季度交叉项固定效应 ω_{qt}，以控制城市随着时间以及年份随着季节变动的特定性差异。β_1 由于 end_q 与 ω_{qt} 共线而无法估计，因此模型（4-5）相当于式（4-6）：

$$revrate_{itq} = \beta_0 + \alpha_1 \times end_q \times gdpflu_{it} + \beta_2 \times gdpflu_{it} + X\gamma + \varphi_{iq} + \omega_{qt} + \varepsilon_{itq} \quad (4-6)$$

（二）数据说明

本章数据主要源自 CEIC 数据库。CEIC 数据库提供了各地市在 2009—2020 年各月的财政收支数据。根据各年各地市各月的财政收支数据，本章计算出各地市各年的收入季度变量数据，在此基础上计算得到了各地市在 2009—2020 年各季度以及各月度的财政收入占当年财政收入比重（$qrevrate$ 及 $monrevrate$）。

CEIC 数据库还提供了各地市各年 GDP 数据，本章在对 GDP 数据作价格平减后进行了 HP 滤波处理。在计算年度 GDP 变量的波动成分时，本章采用 HP 滤波法分离出变量中的趋势部分，然后将 GDP 变量减去趋势部分获得周期性波动部分 $gdpflu_{it}$（Hodrick & Prescott，1997），经济意义为地区 i 在 t 年 GDP 与其长期趋势相对偏离的百分比，$gdpflu_{it}$ 大于 0 表示实际经济超过趋势部分，经济处于向上波动，小于 0 则表示实际经济低于趋势部分，经济处于向下波动。在年度经济变量 HP 滤波值的计算过程中，大量文献采用了平滑参数 λ=100 得到的滤波结果（Backus & Kehoe，1992；黄赜琳和朱保华，2009），因此本章的主回归结果是根据 λ=100 计算的 $gdpflu_{it}$ 的实证结果。同时，鉴于 HP 滤波方法可能对不同的平滑参数较为敏感以及可能导致样本末尾与中间的滤波值存在较大差异等，为了观察实证结果的稳健性，一方面，本章分别以其他文献中采用的 λ=400、200、50、25、10 以及 6.25 等其他平滑参数取值（Correia et al.，1992；Baxter & King，1999；Ravn & Uhlig，2002）进行了计算；另一方面，借鉴已有文献的做法，本章也采用了汉密尔顿滤波法计算了经济波动指标（Hamilton，2018；石绍宾等，2019），尝试克服 HP 滤波法可能存在的问题。

在稳健性分析中，本章分别加入房地产开发投资额、商品房销售额以及商品房销售面积等房地产市场经济类指标，以控制城镇土地使用税和房产税等征收时间效应可能带来的遗漏变量问题。在异质性分析中，本章采用 2007 年人均 GDP 作为衡量地区经济发展水平的主要变量。在路径分析中，本章使用了万得数据库提供的上市公司各季度企业营业税金和所得税两个变量数据，在计算营业税金税负和企业所得税税负时，分别采用了企业各季度营业收入和利润规模作为分母。为了减少异常值影响，企业各经济指标均进行了 1% 缩尾处理。

本章主要经济变量的描述性统计如表 4-1 所示。

表 4-1 主要变量的描述性统计结果

变量名	变量定义	平均值	标准差	最小值	最大值
qrev	各季度财政收入规模（百万元）	5817.894	13289.42	22.970	228508
monrev	各月度财政收入规模（百万元）	1989.141	4760.042	3.000	108170
qrevrate	各季度财政收入占比（%）	25.047	4.810	0.355	76.250
monrevrate	各月度财政收入占比（%）	8.412	2.965	0.014	50.960
gdpflu100	取滤波因子为100时的滤波结果	0.000	0.077	-0.363	0.409
lnredinvest	房地产开发投资额（百万元）取对数	9.347	1.381	0.693	13.060
lnhousale	商品房销售额（百万元）取对数	9.262	1.494	1.386	13.414
lnhouarea	商品房销售面积（千平方米）取对数	7.793	1.143	1.099	11.114
pgdp2007	2007年人均GDP（元/人）	20863.55	15197.3	3336	98938

续表

变量名	变量定义	平均值	标准差	最小值	最大值
qcitax	企业各季度所得税（百万元）	38.643	132.104	-33.017	999.543
qprofit	企业各季度利润总额（百万元）	170.653	602.579	-432.667	4479.824
qtax	企业各季度营业税金及附加（百万元）	26.940	97.041	0.000	738.780
qtrev	企业各季度营业总收入（百万元）	2009.753	5585.133	4.531	40767
roe	净资产收益率（%）	11.556	16.388	-64.649	62.079
roa	总资产报酬率（%）	8.635	9.325	-23.382	41.240

四、实证结果及稳健性检验

(一)实证结果

式(4-6)的回归结果如表4-2所示,第(1)至(7)列分别是根据HP滤波分析时$\lambda=100$、400、200、50、25、10和6.25得到的$gdpflu_{it}$对应实证结果,第(8)列是汉密尔顿滤波法得到的滤波值对应的实证结果。各列中α_1均显著为正,即经济下行波动增加时,地市第四季度的财政收入占全年财政收入比重明显提高。这一结果表明地方政府在经济下行时期存在明显的年底组织收入现象,显著改变了地方年度收入结构。

为了进一步观察年底组织收入的具体时间,本章采用了模型(4-7)进行检验:

$$monrevrate_{itq} = \beta_0 + \alpha_1 \times end_m \times gdpflu_{it} + \beta_2 \times gdpflu_{it} + X\gamma + \omega_{mt} + \varphi_{im} + \varepsilon_{itm} \quad (4-7)$$

其中,end_m为月份虚拟变量,本章分别以各年10月、11月和12月作为处理组,1月至9月作为控制组。与式(4-6)一致,式(4-7)加入了月份与年份交叉项固定效应ω_{mt},月份与城市交叉项固定效应φ_{im}。式(4-7)实证结果如表4-3第(1)至(3)列所示,处理组为11月时对应回归系数最

表4-2 经济波动对地市第四季度财政收入占比的实证结果

	$\lambda=100$	$\lambda=400$	$\lambda=200$	$\lambda=50$	$\lambda=25$	$\lambda=10$	$\lambda=6.25$	汉密尔顿法
	(1)	(2)	(3)	(4)	(5)	(6)	(7)	(8)
$end \times gdpflu$	9.643***	8.953***	9.259***	9.937***	9.950***	9.587***	9.284**	4.428*
	(2.850)	(2.558)	(2.674)	(3.072)	(3.306)	(3.621)	(3.790)	(2.443)
常数项	30.300***	30.384***	30.352***	30.232***	30.170***	30.121***	30.108***	29.965***
	(2.080)	(2.085)	(2.083)	(2.075)	(2.070)	(2.066)	(2.066)	(2.891)
包括地市控制变量	是	是	是	是	是	是	是	是
城市×季度交叉项	是	是	是	是	是	是	是	是
年度×季度交叉项	是	是	是	是	是	是	是	是
样本量	12537	12537	12537	12537	12537	12537	12537	9663
R^2	0.609	0.609	0.609	0.609	0.608	0.608	0.608	0.658

注：括号内为对地市的聚类稳健标准误，*、**、***分别表示 t 统计量在10%、5%、1%水平上显著。

表 4-3 月份效应与反向因果效应

	月份效应			使用省级全年GDP波动		反向因果检验：使用省级前三季度GDP波动		
	10月为处理组	11月为处理组	12月为处理组	四季度为处理组	四季度为处理组	10月为处理组	11月为处理组	12月为处理组
	(1)	(2)	(3)	(4)	(5)	(6)	(7)	(8)
end×gdpflu	2.942*	3.617***	2.886***	19.056**	21.041***	6.001***	8.405***	5.562**
	(1.662)	(0.995)	(0.863)	(8.443)	(4.749)	(1.352)	(2.006)	(2.416)
包括地市控制变量	是	是	是	是	是	是	是	是
地区×季度交叉项	是	是	是	是	是	是	是	是
年度×季度交叉项	是	是	是	是	是	是	是	是
样本量	27299	27282	27332	1612	1612	3955	3955	3954
R^2	0.657	0.672	0.662	0.711	0.722	0.799	0.795	0.777

注：括号内为对地区的聚类稳健标准误，*、**、***分别表示统计量在10%、5%、1%水平上显著。

大，且显著性最强，处理组为12月对应回归系数较小。可以认为，年末组织收入主要发生在经济下行时期的10月和11月，其中以11月为主，这表明地方政府会提前一定时间采取应对措施，而不是在最后时间节点作出应对。这一结果也与本章第二部分提到的渭南、唐山、高邮等案例的时间一致。

（二）内生性检验

对实证结果内生性的担忧是，年度收入结构可能与经济下行存在共同决定因子，即某个经济变量可能既导致地方经济下行，又同时造成了地方税收的征收集中在年度最后时间点。另一个需注意的内生性问题是，在完成税收任务目标导向下，年末组织收入行为可能提高了企业税收负担，这可能造成地方经济下行。因此，需要着重考虑来自"遗漏变量"和"反向因果"两方面的内生性干扰。应指出的是，本章核心解释变量中包括的是经济波动与第四季度的交叉项，由于第四季度这一时间变量具有较强外生性，因此本章实证结果受到内生性干扰的可能性较小。① 此外，本章还在基准模型基础上加入地市与年份交叉项固定效应，此时回归系数大小和显著性基本未发生变化，这也说明本章实证结果受内生性干扰程

---

① 本章也尝试了加入城市与年度交叉项固定效应，核心解释变量回归系数和显著性基本未发生变化。

度较低。为进一步检验可能的内生性问题,本章进行了以下讨论。

1. 反向因果检验

年末组织收入行为容易对市场主体造成过高的税收负担,不利于地方经济增长,此时本章实证结果可能受到反向因果问题的影响。为了检验这一问题对本章实证结论的影响,可采用前三季度 GDP 总量的波动情况作为式(4-6)全年经济波动的代理变量,原因是前三季度 GDP 总量的波动情况能够大致反映出全年 GDP 的波动情况,且不受第四季度收入组织力度的影响,能够最大程度地消除反向因果干扰。然而,由于无法获取地市 GDP 的季度数据,本章选择采用省级层面数据进行实证检验。首先,本章观察了模型(4-5)利用省级层面数据的回归结果,如表 4-3 第(4)列所示,此时 α_1 仍然显著为正,与基准回归结果一致。其次,本章检验了省级前三季度 GDP 波动下行程度与第四季度交叉项对季度收入占比的实证效应,如表 4-3 第(5)列所示,α_1 显著为正,表明本章主要结论在考虑反向因果后依然稳健。最后,本章检验了省级层面组织收入行为的具体发生月份,实证结果如表 4-3 第(6)至(8)列,此时仍然是 11 月对应的回归系数最大。综合以上结果,可以认为反向因果问题对本章主要实证结论的影响不大。

2. 部分税种的征管时间

不同税种的征管时间存在差异,增值税、消费税、企业所得税等绝大多数税种按月或按季征收，而部分税种按年征收。税收征管的时间效应可能会使得经济下行和年底税收占比较高的现象同时出现。中国当前按年征收的税种主要包括房产税、城镇土地使用税和车船税。房产税的计税依据是房产余值或房产租金收入①，城镇土地使用税以实际占用的土地面积为计税依据②。房地产业是与房产税和城镇土地使用税紧密关联的行业。当一个地区房地产市场繁荣时，房产税和城镇土地使用税的规模将直接提高。在房地产市场中，房地产开发投资等各环节对其他产业及中国 GDP 的增长均具有重要积极作用（梁云芳等，2006；许宪春等，2015），容易成为地方政府在经济下行时期稳定经济或财政收入的重要工具（Han & Kung，2015）。车船税则实行定额税率，按照不同车辆排气量、车型及船舶使用类型划定征收标准。

为了检验征管时间效应的影响，本章利用房地产开发投资额和商品房销售额与第四季度虚拟变量的交叉项控制房产税对第四季度收入占比的影响，这主要是考虑房地产投资额和房屋销售额能够反映房地产市场波动情况，且可能影响以房租为计税依据的房产税收入，实证结果如表 4-4 第（1）

---

① 根据《中华人民共和国房产税暂行条例》，"房产税依照房产原值一次减除 10% 至 30% 后的余值计算缴纳"，"房产出租的，以房产租金收入为房产税的计税依据"。

② 根据《中华人民共和国城镇土地使用税暂行条例》，"土地使用税以纳税人实际占用的土地面积为计税依据，依照规定税额计算征收"。

列所示；利用商品房销售面积与第四季度虚拟变量的交叉项控制城镇土地使用税对第四季度收入占比的影响，这主要是考虑城镇土地使用税以实际占用土地面积为计税依据，商品房销售面积能够一定程度反映占用土地面积的基本情况，实证结果如表4-4第（2）列所示；利用地市车辆拥有量[①]与第四季度虚拟变量的交叉项控制车船税的影响，实证结果如表4-4第（3）列所示；表4-4第（4）列为同时控制三类税收征管时间效应的实证结果。可以看出，在考虑这些税种的征管时间效应后，α_1仍然显著为正，且系数大小与基准回归结果基本一致。

实际上，房产税、城镇土地使用税以及车船税在地方财政收入中的占比极低。以2020年为例，房产税、城镇土地使用税和车船税占地方财政比重分别为2.84%、2.06%和0.94%，三者之和仅为5.84%[②]，作用微弱，即使这部分收入存在年末效应，也很难引起财政收入的变化。同时，根据表4-3，年末效应主要出现在10月和11月，这与税收征管因素主导的年末效应存在明显时间差异。

3. 经济目标管理

中国各级政府实行经济目标管理，地方经济增长目标管理具有较强的硬约束特征，这对地方政府的经济行为产生显

---

① 地市级车辆拥有量存在一定缺失，本章使用插值法进行补缺。
② 数据来源：《2020年地方一般公共预算收入决算表》。

著影响（徐现祥和梁剑雄，2014；余泳泽等，2019）。在经济处于下行周期时，若地方政府在正常进度下难以完成既定 GDP 增长目标，就可能出现在年底做大 GDP 的行为，这可能带来财政收入的年末增长。为了检验经济管理目标的可能影响，此处从两方面进行讨论：一是，本章检验了省级 GDP 波动情况对各季度 GDP 占比的实证影响，观察在经济下行时期第四季度的 GDP 占比是否出现更高的情形；二是，本章使用各季度 GDP 占比作为式（4-6）的控制变量，以控制 GDP 增长造成的影响。实证结果如表 4-4 第（5）（6）列所示，经济下行并没有引起第四季度 GDP 占比的提高，且在加入该变量作为控制变量后，α_1 仍显著为正，这一实证结果意味着年末组织收入现象与 GDP 等客观经济变量的增长没有明显关联[①]。

4. 工具变量法

为进一步消除经济波动与第四季度财政收入占比之间的内生性，本章使用固定资产投资波动作为当期经济波动的工具变量[②]，这是因为作为中国经济增长点的主要动力，固定资产投资的波动能够直接引起经济增长的波动。使用地市固定

[①] 经济下行时期的逆周期宏观调控政策也可能导致本章的遗漏变量问题。如税率下降或税收优惠规模的扩大容易导致地方政府无法组织预期收入。不过，模型（4-7）加入城市与年度交叉项固定效应，能够较好地捕获不同年度的中央税收政策和地方税收优惠政策对地方实际税收收入的影响。

[②] 感谢匿名审稿专家的宝贵建议。

表 4-4 遗漏变量与工具变量

	控制房产税的影响	控制城镇土地使用税的影响	控制车船税的影响	控制房产税、城镇土地使用税及车船税的影响	被解释变量为各季度GDP占比	控制各季度GDP占比	第一阶段：$gdpflu \times end$	第二阶段：各季度财政收入占比
	(1)	(2)	(3)	(4)	(5)	(6)	(7)	(8)
$gdpflu \times end$	9.745***	9.759***	9.540***	9.642***	0.461	17.338**		28.676***
	(2.960)	(2.897)	(2.861)	(2.965)	(13.124)	(8.346)		(8.033)
固定资产投资波动$\times end$							0.142***	
							(0.019)	
包括地区控制变量	是	是	是	是	是	是	是	是
地区×季度交叉项	是	是	是	是	是	是	是	是
年度×季度交叉项	是	是	是	是	是	是	是	是
样本量	11804	12191	12378	11649	1601	1601	11068	9599
R^2	0.621	0.614	0.612	0.623	0.767	0.734	0.596	−0.016

注：括号内为对地区的聚类稳健标准误，*、**、*** 分别表示统计量在10%、5%、1%水平上显著。

资产投资波动与第四季度交叉项作为工具变量[①]的第一阶段实证结果如表4-4第（7）列所示，此时回归系数显著为正，即固定资产波动显著引起了经济增长波动，固定资产投资的下行波动引起了本地经济的下行波动。第二阶段回归结果如表4-4第（8）列所示，α_1显著为正且明显变大，这表明基准回归结果可能低估了经济下行波动的实证效应。其中，*Kleibergen-Paap Wald F* 统计值为57.01，远超过10，表明不存在弱工具变量问题。

五、异质性分析

为观察哪些地区更容易出现年末组织收入现象，本部分尝试进行异质性效应检验。根据本章第二部分中经济波动对收入组织行为的逻辑链条，异质性的讨论主要可以分为以下两方面。

第一，经济波动下行对不同经济发展水平地区的财政状况的影响可能具有异质性。基于这一逻辑，为了尽可能地减少反向因果带来的干扰，本章利用2007年人均GDP衡量地区发展水平，根据经济发展水平处于样本前后50%进行经济发展水平高低的分样本回归，结果如表4-5第（1）（2）列所示。

[①] 与经济波动取相反数一致，此处的固定资产投资波动也取相反数。

两列系数均显著，表明经济发达与欠发达城市均出现了年末效应。同时，第（2）列中核心解释变量系数大于第（1）列，表明经济下行波动对年末收入结构的效应在经济欠发达地区更强。[①] 本章认为其中的原因是，经济下行波动对不同地区的财力影响具有差异性，一般认为发达地区财政状况受到经济波动下行的影响相对较轻，而欠发达地区财政状况受经济波动的影响相对较大。

第二，在面临经济波动下行造成的财政收入困难时，不同地区的应对行为也可能具有异质性。已有文献发现，政府制度质量对财政政策制定和执行具有重要影响，制度质量的改善有助于提高财政政策的效果（Persson & Tabellini，2004；Frankel et al.，2013）。由于距离及级别等原因，中国行政级别较高的城市更容易被省级政府获取信息和加以政策协调，且受到较多的上级政府关注，此外，居民等市场主体也容易在这些城市中获得更加顺畅的政治表达路径（贾俊雪和宁静，2015），可认为这些城市相对具备更高的制度质量。为此，本章根据城市是否属于省会城市和计划单列市进行行政级别高

---

① 各地市人均 GDP 数据更新至 2019 年，因此回归样本为 2008—2019 年。本章也使用了 2001 年及 2001—2007 年各年人均 GDP 均值进行分样本回归；同时，为了提高实证结果的稳健性，还使用了各年财政自给率作为经济发展水平的标准进行分样本回归；并利用前后 1/3 和 1/4 标准进行分样本检验。以上结果均稳健，为简便未报告。

低的分样本回归，结果如表4-5第（3）（4）列所示[①]，可发现年末效应主要出现在一般地级市中，而在行政级别高的城市中并不突出。

第三，理论分析中指出，年末效应主要形成自未被预期到的经济下行波动冲击，当地方政府准确预期了本地经济的下行趋势并在年初及时调整预算收入目标时，经济下行波动对财政收入的年末效应将不再具有理论基础。为验证这一逻辑，本章搜集了2008—2020年各省政府工作报告，整理了各省在年初确定的GDP增长率预期目标，并与各省各年实际GDP增长率进行比较，得到各省各年实际GDP增长率与预期GDP增长率的差值：差值越大表明实际经济增长形势越好于政府年初预期的GDP增长目标，差值越小甚至为负表明实际经济增长形势越弱于政府年初预期的GDP增长目标。这一做法也与已有文献一致，如白云霞等（2019）也通过计算预期GDP增长率与实际GDP增长率的差额度量税收计划压力，该差额越大表示实际经济税源状况相比预期越差，也即压力越大。根据增长率差值水平处于本年度前后50%进行的分样本回归结果如表4-5第（5）（6）列所示，可以发现年末效应主要形成自未被预期到的经济下行波动，而预期到的GDP下行波动并未引起年末效应，这一结果也说明本章结果揭示的并

---

① 为了尽可能地增加异质性分析中不同类型城市的可比性，此处删去直辖市样本。

表 4-5　异质性检验：经济发展水平与城市级别

	经济发达	经济欠发达	高行政级别	低行政级别	GDP 超预期	GDP 不及预期
	（1）	（2）	（3）	（4）	（5）	（6）
$end \times gdpflu$	8.501**	11.474***	7.131	9.281***	5.206	14.079***
	(3.704)	(4.372)	(6.991)	(2.906)	(3.390)	(3.646)
包括地市控制变量	是	是	是	是	是	是
地区×季度交叉项	是	是	是	是	是	是
年度×季度交叉项	是	是	是	是	是	是
样本量	6482	6054	1458	10854	7334	4936
R^2	0.621	0.607	0.588	0.647	0.678	0.595

注：括号内为对地市的聚类稳健标准误，*、**、*** 分别表示 t 统计量在 10%、5%、1% 水平上显著。

非是经济上行时期地方政府放松征管的现象。[①]

六、路径检验

(一) 强征管

在年末组织收入的过程中,地方政府选择何种税收完成这一行为,需要作进一步的探讨。遗憾的是,本章无法获取地市层面月度税收收入数据,难以提供不同税种是否存在年末征缴的直接证据。在已有的条件下,本章进行的一个尝试是,利用万得数据库上市公司微观企业税收数据,从企业税负层面提供相应证据。选择上市公司样本的另一个好处是,由于地方政府在组织收入时,往往选择从本地大规模企业入手(席鹏辉和周波,2021),因此对上市公司的检验能够较好地反映本章主要结论。

上市公司季度财务数据的税收指标主要包括企业税金及附加和企业所得税两项,其中企业税金及附加主要包括企业缴纳的消费税、城建税、资源税、教育费附加以及房产税、土地使用税等,除消费税外,其他税费主要属于地方。因此,本

[①] 按照前后50%进行的分样本回归中,差值前50%的均值为0.008,差值后50%的均值为-0.013,即前50%的样本中,实际GDP平均超过预期GDP0.8个百分点,后50%的样本中实际GDP整体低于预期GDP1.3个百分点。本章也分别按照前后1/3、1/4等标准进行分样本检验,实证结果仍然保持一致。

章分别检验了地方经济波动对企业税金以及企业所得税税负的影响,其中"企业税金及附加"指标为企业税金及附加占营业总收入的比重;"企业所得税"指标为企业所得税占利润规模的比重。如表4-6(1)(2)列所示,企业税金及附加并未在年末出现明显增加,而第四季度企业所得税在经济下行波动时期明显提升,这意味着企业所得税很可能是地方政府年底组织收入的重要税种。

本章认为,地方政府主要从有效性和便利性两个角度考虑组织收入。有效性指的是,这类税种的收入规模具备相当规模,能够有效地实现收入目标,否则地方政府需要依赖多类其他小税种,这容易提高地方政府实现目标的难度。企业所得税是中国税制中的主体税种之一[①],以该税种作为工具有助于当年财政收入目标的快速实现。便利性指的是该税种要易于成为加强征管的对象。企业所得税由预缴和汇算清缴两部分构成,这一特征为加强征管提供了充分条件:当地方政府存在较大的财力需求时,可以要求企业尽可能地扩大当年企业所得税预缴规模,以满足当年的财政收入;而当年过多的预缴收入能够在第二年年初汇算清缴时进行退税。[②]

进一步地,根据企业属性,本部分将所有企业样本分为

---

① 以2020年为例,企业所得税占税收收入比重达到23.6%。数据来源于财政部《2020年全国一般公共预算收入决算表》。

② 税收征管的加强甚至可能导致企业实际税负超过法定税负,这被称为"过头税"(张斌,2019)。

国有企业和非国有企业,检验了经济波动对不同类型企业税负的影响,实证结果如表4-6第(3)至(6)列所示。其中,(3)(4)列结果与第(1)列结果一致,即无论是国有企业还是非国有企业,企业税金及附加均没有出现年末增强的现象,(5)(6)列结果表明非国有企业是经济下行时期地方政府年末组织收入的重要对象,这可能是民营企业等非国有企业议价能力较低,与政府缺乏一定的政治关联,容易成为地方政府获取收入的对象(黄策和张书瑶,2018)。

(二)真实增收还是税收空转:来自挤水分的证据

除"真实"增加财政收入的方式外,地方政府也能够通过税收空转"实现"收入目标。税收空转指的是政府部门通过"虚拟"企业等纳税人没有真实发生的应税行为来提高税收规模。由于缺少税收空转的直接指标或数据,本章无法直接讨论经济下行周期对年底税收空转规模的影响。不过,辽宁、天津以及内蒙古三个地区在2015—2018年先后对经济数据挤水分,其中的重要内容是挤掉税收空转虚增的财政收入。

2014年7月7日,中央第十一巡视组向辽宁省反馈巡视情况,指出辽宁省"经济数据存在弄虚作假的现象"。中共辽宁省委在同年10月11日作出《关于巡视整改情况的通报》,并就财政收入虚增问题进行整改,保证科学规范确定财政收入目标及考核体系。一是要求各级政府部门对存在的收入空转等问题进行整改,杜绝弄虚作假行为;二是要求政府部门

表 4-6 机制分析：年末组织收入与企业税负水平

	企业税金及附加 (1)	企业所得税 (2)	企业税金及附加：国有企业 (3)	企业税金及附加：非国有企业 (4)	企业所得税：国有企业 (5)	企业所得税：非国有企业 (6)
$end \times gdpflu$	−0.066	1.934**	−0.124	−0.017	0.851	2.635**
	(0.059)	(0.942)	(0.115)	(0.051)	(1.456)	(1.112)
包括地市控制变量	是	是	是	是	是	是
地区×季度交叉项	是	是	是	是	是	是
年度×季度交叉项	是	是	是	是	是	是
企业固定效应	是	是	是	是	是	是
样本量	129309	124914	49363	79933	47246	77655
R^2	0.023	0.026	0.048	0.023	0.035	0.027

注：括号内为对地市的聚类稳健标准误；*、**、*** 分别表示 t 统计量在 10%、5%、1% 水平上显著。

依法依规组织财政收入,据实编制年度预算,并报人大审议;三是更改财政收入考核评价体系,取消对56个城区的财政收入考核,不再对各城区和县市财政收入和增幅排名。自此,辽宁省成为全国第一个对经济数据挤水分的地区。2018年1月,内蒙古和天津两地也先后采取经济数据挤水分行动,相应调减2016年以来的财政收入。各地区在经历经济数据挤水分冲击后,税收空转现象得到好转甚至杜绝。

可以预期,当地方政府选择税收空转组织年底收入时,挤水分冲击能够有效地弱化这类地区的年末效应。为此,本章利用辽宁、天津和内蒙古三个地区进行子样本实证检验。① 一方面,本章检验了这三个地区在挤水分冲击前后的年度收入结构情况,分样本回归结果如表4-7第(1)(2)列所示,两列系数均为正,且第(2)列中系数明显小于第(1)列,这意味着经济数据挤水分有助于弱化年末组织收入的现象。

一般地,当企业通过虚构出应税收入提高纳税规模时,不易引起企业税率的变化。但税收空转的形式多样,在获得财政补贴返还的前提下,企业可以选择放弃某些税收优惠政

---

① 本章能够明确这三个地区进行了经济数据挤水分,但无法排除其他地区也实施了经济数据挤水分。辽宁省于2015年开始挤水分,并调整了当年财政收入数据;内蒙古和天津市于2018年开始挤水分,但调整了2016年及之后年份的财政数据。因此,宏观数据分析时,挤水分冲击虚拟变量对应了辽宁省2015年及之后年份,内蒙古和天津市2016年及之后年份;微观数据分析时,由于企业年报逐年发布,因此内蒙古和天津市挤水分冲击主要对2018年及之后年份才形成影响。

表 4-7 进一步的证据：来自挤水分冲击的准实验

	宏观数据				微观数据：企业所得税的证据			
	挤水分前	挤水分后	挤水分前	挤水分后	非国有企业：挤水分前	非国有企业：挤水分后	国有企业：挤水分前	国有企业：挤水分后
	(1)	(2)	(3)	(4)	(5)	(6)	(7)	(8)
$end \times gdpflu$	33.748	11.878	10.373	2.411**	25.027	2.306	-1.845	3.214*
	(20.668)	(7.835)	(9.185)	(1.061)	(17.851)	(1.548)	(2.366)	(1.797)
包括地市控制变量	是	是	是	是	是	是	是	是
地区×季度交叉项	是	是	是	是	是	是	是	是
年度×季度交叉项	是	是	是	是	是	是	是	是
企业固定效应	否	否	是	是	是	是	是	是
样本量	690	373	3841	1017	1899	1067	1942	3841
R^2	0.617	0.621	0.082	0.181	0.145	0.102	0.061	0.082

注：括号内为对地市的聚类稳健标准误；*、**、*** 分别表示统计量在10%、5%、1%水平上显著。

策以多缴纳税款，或通过提高企业税收遵从度以尽可能地增加应纳税额，这些方式均会直接提高企业的实际税率，这也意味着挤水分冲击同样可能带来企业实际税率的变化。因此，本章还检验了三个地区上市公司企业所得税税负在挤水分冲击前后的变化情况。首先，本章根据挤水分冲击前后进行分样本回归，实证结果如表4-7第（3）（4）列所示，两列中系数均为正，且第（4）列明显更小，这意味着挤水分冲击显著地减少了年末组织收入的现象。第（4）列中系数仍然显著，表明挤水分后仍然存在年末组织收入现象，这与宏观实证结果保持了一致。其次，本章检查了非国有企业在挤水分前后的企业所得税变化情况，结果如第（5）（6）列所示，不难发现挤水分后非国有企业的年末税负明显降低，这一结果印证了第（3）（4）列的结论。最后，本章检查了国有企业在挤水分前后的企业所得税变化情况，结果如第（7）（8）列所示。此时国有企业在经济下行时期的年末税负反而出现了提升，即挤水分后地方政府也开始加强对国有企业的税收征管。这可能与非国有企业年末税负下降过多有关，此时地方政府不得不干预国企的经营及税收活动以补充年末收入。其中，地方国有企业的委派和考核机制为政府干预提供了便利（刘行和李小荣，2012），而国有企业更低的实际税负为挤水分后的组织收入行为提供了可行性（刘骏和刘峰，2014）。

综合以上结果可以认为，加强企业所得税的征管和税收空转均是地方政府年末组织收入的重要方式，挤水分冲击通过杜绝税收空转有效地弱化了年末组织收入的行为。在经济数据挤水分后，为了实现收入目标，地方政府加强了对国有企业的税收征管，因此经济下行时期的上市公司企业所得税税负在年末仍表现出更高的特征。

七、结论及启示

本章为中国地方政府年度收入结构的形成提供了一条线索。实证结果表明，在税收任务导向下，随着经济波动下行，地方政府第四季度财政收入占比明显提高，其中以11月最为明显。这一实证结果在考虑了反向因果、税收征管的时间效应以及经济目标管理等内生性问题后依然稳健。年末收入占比较高的现象具有明显异质性，这主要是由于经济下行对经济发达地区的财政收入影响相对较弱，对经济欠发达地区的财政收入影响较强。年末收入效应主要出现在经济增速不及预期的经济下行时期，强征管及税收空转是地方政府年末组织收入的两类重要方式，其中，强征管的主要税种是企业所得税，民营企业更可能成为征管对象。为了消除年末组织收入对中国税收法治化建设及市场主体正常运营造成的不利影响，本章提出以下政策建议。

第一，破除收入计划的刚性，科学设定和合理调节预算目标。收入计划的硬约束是年末组织收入的根本原因，解决这一问题的根源在于破除收入计划的刚性。然而，由于收入计划的实现与否事关地方债务规模和赤字水平,是宏观政策的重要指示变量,因此也往往成为地方政府难以逾越的"红线"。这意味着在应对经济下行等未预期到的外部冲击时,科学设定和及时合理调整预算收支目标,是现阶段地方政府破除收入计划刚性的关键一步。

第二,关注重点税种的年底征收情况,减少对企业的额外负担。如本章所发现,年底加强企业所得税征管很可能是地方实现年末组织收入的重要方式。财政审计部门应重点关注企业所得税等税种的年末征缴情况,选择以财政收入未按照进度及时入库的地方政府为主要审计对象,这是减少年末组织收入现象的重要抓手。

第三,不断提高经济数据质量,减少税收空转带来的收入虚增问题。根据政府财政收入计划的确定过程,经济规模和增速发挥着基础性作用。因此,减少税收空转和收入虚增的一个前提是做实经济数据,只有基于真实可靠的经济数据,才可能对财政收入规模情况作出真实的预测和判断。建立和强化地区负责人问责机制,从而避免经济数据"掺水",提高经济数据质量,是改善年末组织收入现象的重要措施。

第四,建立跨年度周期预算平衡机制。年度平衡预算机制下的收支持平原则是收入刚性特征产生的制度性原因,这也导致在经济下行波动时积极财政政策难以真正地发挥逆周期宏观调控职能。政府支出在经济下行时期往往有所扩张,而在年度预算平衡中,收入的足额完成是政府支出活动的根本保障，因此完成收入计划容易成为政府财税部门的年度首要任务。在经济处于下行周期时，收入刚性不仅进一步增强了企业的税负痛感，更不利于中央逆周期宏观调控政策的真正落地。可以说，实行跨年度周期预算是解决地方政府年末组织收入问题的根本性机制，通过跨年度预算对冲短期内经济波动带来的收支增减变化，能够减少地方政府"不得已"的"过激"行为。

当前，经济下行压力较大，减税降费等逆周期财政政策力度持续加强。与此同时，地方财政收入同比增速由正转负，财政可持续性受到挑战。在收入增速明显回落的情况下，若地方年初设定收入计划保持不变，则地方政府完成已有收入计划的难度必然较大，此时，应注意防范地方政府的高强度征管行为，避免其对市场主体的不利影响。

结 语

本书系统探讨了地方政府在财政紧平衡压力下的不同应对措施。在全面深化改革背景下，这一工作具有重要意义。为适应国家治理体系和治理能力现代化，建立中国现代财政制度，必须着力解决地方财政紧平衡问题。这也是当前及未来一段时期内我国财政改革的重点和核心命题。

财政紧平衡的解决，需要回到这一问题的形成原因。尽管这并不是本书探讨的主要内容，本书也未对这一问题作出更深入的讨论，但这却是本书形成的主要目的之一，也是深化财政领域改革的主要内容和重要基础保障。当前，可能需要着重解决如下几个问题。

第一，财政体制的优化。财政体制的优化是党的二十届三中全会提出的重要内容，也是提高地方可用财力的基本路径之一。当前，中央政府尝试通过消费税征收环节后移并下放、附加税合并等方式给予地方一定的财权。不过，财权并不等于财力，财权下放并不一定能够带来地方财力的增加。一些欠发达地区和基层政府的财力体系以转移支付为主，如果财权下放损害了中央财政收入的稳定增长，则可能对转移支付规模的可持续增长形成挑战。财政体制的优化不仅体现在中央与地方的财政关系，也涵盖了省以下财政关系。各省如何根据本省财力格局和本地发展特点，构建有助于发挥激励和稳定作用的省以下财政体制，是各省财政体制改革的重要内容。

第二，转移支付结构的调整。对于一些地区而言，转移支付是各级政府的主要收入来源。对于个别地区和基层政府而言，其甚至成为绝对来源。然而，转移支付类别多，资金来源广，如何通过转移支付制度的优化提高地方可用财力，成为当前提高地方可用财力的主要问题之一。一方面，地方可用财力的提高需要转移支付规模的不断扩大。近年来，随着大规模减税降费政策措施的推出，地方可用财力减少。这是中央转移支付规模持续扩大的原因，2023年，中央转移支付规模已经超过10万亿元。这一背景下，如何形成转移支付的稳定增长机制，是当前我国财政改革面临的一大任务，也是中央财政收入发展面临的重要挑战。另一方面，转移支付中仍有较大比例属于专项转移支付，这类转移支付往往要求地方政府为转移支付项目提供一定的配套资金，因而容易进一步加剧地方财政紧平衡。这需要转移支付结构的调整，如进一步加大一般性转移支付的占比，减少要求地方提供配套资金的转移支付项目，等等。当然，转移支付结构的调整涉及各部门之间职能的重新划分，在充分统筹并用好各类转移支付资金方面，各级财政部门可能面临不小阻力。

第三，一些配套改革措施的适时推出。提高地方可用财力，除了中央财力的下放外，支出方面也需要进一步的改革，其中最为典型的是绩效预算管理改革和零基预算改革。这两类改革是预算规范化管理的重要内容，有助于提高财政支出效率，为节省财政资金和缓解财政紧平衡提供空间。然而，无论是从技术层面还是部门利益层面，这类改革的难度都极大。一是，绩效预算改革和零基预算改革需要将预算内所有收支进行综合考虑和判断，这意味着需要增强预算的统筹力和规范度，这也是当前预算改革的核心内容。二是，在充分统筹的前提下，财政部门需要在有限的信息和精力下对各类支出的绩效进行充分评估和准确判断，这面临较大的技术难题。三是，绩效预算改革和零基预算改革打破了传统的增量预算改革，是部门利益的重新调整和分配，这自然容易形成改革道路上的阻力。提高地方可用财力，不仅需要预算改革，也需要税制改革的配套。进一步优化税制，寻找可能的有益于提高经济社会公平和效率的补充性税源，也是当前税制改革的一个要求。

第四，地方经济发展和重点税源的解决。上述三个因素主要涉及的是财政制度方面的改革。然而，财力问题根本上仍然是经济问题，解决地方税源问题可能更为关键。从税源建设上看，要形成与地方资源禀赋相匹配和适应的产业结构，这有助于产业的稳定发展，形成相对稳固的税源结构。同时，税源建设要注重本地特色，发挥本地比较优势。中央应加强政策指导，发挥引领作用，减少各地趋同化发展现象。趋同化发展现象可能会造成各级财政对某类行业的过重依赖，进而妨碍财政安全和稳定。

提高地方自主财力，解决财政紧平衡问题，是当前全面深化改革的重要基础保障，也是更好发挥政府作用的基本前提。不过，这并不意味着，解决财政紧平衡问题后，政府作用必然能够得到更好发挥，高水平社会主义市场经济体制的建立也并非水到渠成。要想实现后两个目标，仍需要财政制度改革和其他改革的进一步深化。这不仅包括增强政府预算对政府收支活动的约束力，更需要政府职能的真正转变。如何更好地保障"充分发挥市场在资源配置中的决定性作用，更好发挥政府作用"，才是高水平社会主义市场经济体制的关键。

在解决地方自主财力问题的基础上，推动现代财政制度的建立，使财政适应国家治理体系和治理能力现代化的要求，是当前和未来财政改革的主要命题。换句话说，正是地方财政紧平衡问题，才使得当前改革面临着更为复杂的问题，存在着多维的改革目标，进而加大了改革的难度；也正因如此，解决地方财政紧平衡问题才更具有现实意义和紧迫感。

最后需要指出的是，无论是财政紧平衡的形成因素，还是地方政府应对紧平衡压力的行为，均极为丰富且纷繁，本书并未也不可能一一罗列。然而，无论是从全面深化改革这个长期视角，还是从解决财力紧平衡这个即期视角来看，这些行为的探讨均值得未来更多的关注。

主要参考文献

Ackerberg, D. A., Caves, K., and Frazer, G., "Identification properties of recent production function estimators", *Econometrica*, Vol. 83, No. 6, 2015, pp. 2411−2451.

Alesina, A., Tabellini, G., and Campante, F. R., "Why is Fiscal Policy Often Procyclical", *Journal of the European Economic Association*, Vol. 6, No. 5, 2008, pp. 1006−1036.

Backus, D. K. and Kehoe, P. J., "International Evidence on the Historical Properties of Business Cycles", *The American Economic Review*, Vol. 82, No. 4, 1992, pp. 864−888.

Baxter M. and King, R. G., "Measuring Business Cycles: Approximate Band-Pass Filters for Economic Time Series", *The Review of Economics and Statistics*, Vol. 81, No. 4, 1999, pp. 575−593.

Castro V., "The Impact of Fiscal Consolidations on the Functional Components of Government Expenditures", *Economic Modelling*, Vol. 60, 2017, pp. 138−150.

Chen X., "The Effect of a Fiscal Squeeze on Tax Enforcement: Evidence from a Natural Experiment in China", *Journal of Public Economics*, Vol. 147, 2017, pp. 62−76.

Correia I. H., Neves, J. L., and Rebelo, S., "Business Cycles from 1850 to

1950:New Facts about Old Data", *European Economic Review*, Vol. 36, 1992, pp. 459-467.

Cottarelli, C. and Fedelino, A., "Automatic Stabilizers and the Size of Government: Correcting a Common Misunderstanding", *IMF Survey*, No. 7, 2010.

Faguet J. P., "Does Decentralization Increase Government Responsiveness to Local Needs?: Evidence from Bolivia", *Journal of Public Economics*, Vol. 88, No. 3, 2004, pp. 867-893.

Frankel J. A., Vegh, C. A., and Vuletin, G., "On Graduation from Fiscal Procyclicality", *Journal of Development Economics*, Vol. 100, No. 1, 2013, pp. 32-47.

Gavin, M., and Perotti, R., "Fiscal Policy in Latin America", *NBER Working Paper*, 1997.

Ghemawat, P., "Capacity Expansion in the Titanium Dioxide Industry", *Journal of Industrial Economic*, Vol. 33, No. 2, 1984, pp. 145-163.

Hamilton, J. D., "Why You Should never Use the Hodrick-Prescott Filter", *Review of Economics & Statistics*, Vol. 100, No. 5, 2018, pp. 831-843.

Han, L. and Kung, J. K., "Fiscal Incentives and Policy Choices of Local Governments: Evidence from China", *Journal of Development Economics*, Vol. 116, 2015, pp. 89-104.

Hodrick, R. J. and Prescott, E. C., "Postwar U.S. Business Cycles: An Empirical Investigation", *Journal of Money, Credit and Banking*, Vol. 29, No. 1, 1997, pp. 1-16.

Kaminsky, G. L. and Reinhart, C. M., "When It Rains, It Pours: Procyclical Capital Flows and Macroeconomic Policies", *NBER Working Paper*, No.10780, 2004.

Khan, A. Q., Khwaja, A. I., and Olken, B. A., "Tax Farming Redux: Experimental Evidence on Performance Pay for Tax Collectors", *Quarterly Journal of Economics*, Vol. 131, No. 1, 2016, pp. 219-271.

Kirman, W. I. and Masson, R. T., "Capacity Signals and Entry Deterrence", *International Journal of Industrial Organization*, Vol. 4, No. 1, 1986, pp. 25-42.

Mankiw, N. G. and Whinston, M. D., "Free Entry and Social Inefficiency", *Rand Journal of Economics*, Vol. 17, No. 1, 1986, pp. 48-58.

Mathis, S. and Koscianski, J., "Excess Capacity as a Barrier to Entry in the US Titanium Industry", *International Journal of Industrial Organization*, Vol. 15, No. 2, 1996, pp. 263-281.

Nunn, N. and Nancy, Q., "The Potato's Contribution to Population and Urbanization: Evidence from a Historical Experiment", *The Quarterly Journal of Economics*, Vol. 126, 2011, pp. 593-650.

Persson, T. and Tabellini, G., "Constitutional Rules and Fiscal Policy Outcomes", *The American Economic Review*, Vol. 94, No. 1, 2004, pp. 25-45.

Pomeranz, D., "No Taxation without Information: Deterrence and Self-enforcement in the Value Added Tax", *The American Economic Review*, Vol. 105, No. 8, 2015, pp. 2539-2569.

Potrafke, N., "The Growth of Public Health Expenditures in OECD Countries: Do Government Ideology and Electoral Motives Matter?", *Journal of Health Economics*, Vol. 29, No. 6, 2010, pp. 797-810.

Ravn, M. O. and Uhlig, H., "On Adjusting the Hodrick-Prescott Filter for the Frequency of Observations", *The Review of Economic and Statistics*, Vol. 84, No. 2, 2002, pp. 371-376.

Salop, S., "Monopolistic Competition with Outside Goods", *The Bell Journal of Economics*, Vol. 10, No. 1, 1979, pp. 141-156.

Song Z., Storesletten K., and Zilibotti, F., "Growing Like China", *American Economic Review*, Vol. 101, No. 1, 2011, pp. 196–233.

Spence, A. M., "Entry, Capacity, Investment and Oligopolistic Pricing", *The Bell Journal of Economics*, Vol. 8, No. 2, 1977, pp. 534–544.

Spence, A. M., "Product Selection, Fixed Costs, and Monipolistic Competition", *The Review of Economic Studies*, Vol. 43, No. 2, 1976, pp. 217–235.

Talvi, E. and Vegh, C. A., "Tax Base Variability and Procyclical Fiscal Policy in Developing Countries", *Journal of Development Economics*, Vol. 78, No. 1, 2004, pp. 156–190.

Vegh, C. A. and Vuletin, G., "How is Tax Policy Conducted over the Business Cycle?", *NBER Working Paper*, No. 17753, 2012.

Weizsacker, C. C. V., "A Welfare Analysis of Barriers to Entry", *The Bell Journal of Economics*, Vol. 11, No. 2, 1980, pp. 399–420.

Woo, J., "Why do More Polarized Countries Run More Procyclical Fiscal Policy?", *The Review of Economics and Statistics*, Vol. 91, No. 4, 2009, pp. 850–870.

白让让:"供给侧结构性改革下国有中小企业退出与'去产能'问题研究",《经济学动态》2016年第7期,第65—74页。

白让让:"竞争驱动、政策干预与产能扩张——兼论'潮涌现象'的微观机制",《经济研究》2016年第51(11)期,第56—69页。

白云霞、唐伟正、刘刚:"税收计划与企业税负",《经济研究》2019年第54(05)期,第98—112页。

白重恩、杜颖娟、陶志刚、仝月婷:"地方保护主义及产业地区集中度的决定因素和变动趋势",《经济研究》2004年第4期,第29—40页。

产业转型升级课题组:《结构转型与产能过剩:理论、经验与政策》,

人民出版社 2017 年版。

陈冬、孔墨奇、王红建:"投我以桃,报之以李:经济周期与国企避税",《管理世界》2016 年第 5 期,第 46—63 页。

陈思霞、许文立、张领袮:"财政压力与地方经济增长——来自中国所得税分享改革的政策实验",《财贸经济》2017 年第 38(04)期,第 37—53 页。

陈晓光:"财政压力、税收征管与地区不平等",《中国社会科学》2016 年第 4 期,第 53—70+206 页。

丛树海、张源欣:"财政政策的顺周期实施效应特征与基本成因",《财贸经济》2018 年第 39(06)期,第 30—42 页。

崔军、李苗:"我国政府预算执行进度滞后问题研究:整体状况与地区差异——基于全国、省级与地市级的财政数据",《经济纵横》2019 年第 5 期,第 45—57 页。

方红生、张军:"财政集权的激励效应再评估:攫取之手还是援助之手?",《管理世界》2014 年第 2 期,第 21—31 页。

方红生、张军:"中国地方政府竞争、预算软约束与扩张偏向的财政行为",《经济研究》2009 年第 44(12)期,第 4—16 页。

方红生、张军:"中国地方政府扩张偏向的财政行为:观察与解释",《经济学(季刊)》2009 年第 8(03)期,第 1065—1082 页。

傅勇、张晏:"中国式分权与财政支出结构偏向:为增长而竞争的代价",《管理世界》2007 年第 3 期,第 4—22 页。

干春晖、邹俊、王健:"地方官员任期、企业资源获取与产能过剩",《中国工业经济》2015 年第 3 期,第 44—56 页。

高培勇:"中国税收持续高速增长之谜",《经济研究》2006 年第 12 期,第 13—23 页。

龚锋、卢洪友:"公共支出结构、偏好匹配与财政分权",《管理世界》

2019年第1期,第10—21页。

郭庆旺、贾俊雪:"中国潜在产出与产出缺口的估算",《经济研究》2004年第5期,第31—39页。

国务院发展研究中心《进一步化解产能过剩的政策研究》课题组、赵昌文、许召元、袁东、廖博:"当前我国产能过剩的特征、风险及对策研究——基于实地调研及微观数据的分析",《管理世界》2015年第4期,第1—10页。

韩国高、高铁梅、王立国、齐鹰飞、王晓姝:"中国制造业产能过剩的测度、波动及成因研究",《经济研究》2011年第46(12)期,第18—31页。

黄策、张书瑶:"地方政府规模、产权性质与企业税负——基于中国上市公司的实证研究",《世界经济文汇》2018年第2期,第85—104页。

黄冬娅、杨大利:"市场转型中国有企业与环境监管中立性——以大型国有石油石化企业为例",《社会发展研究》2018年第5(03)期,第47—68+243页。

黄枫、吴纯杰:"市场势力测度与影响因素分析——基于我国化学药品制造业研究",《经济学(季刊)》2013年第12(02)期,第511—526页。

黄赜琳、朱保华:"中国经济周期特征事实的经验研究",《世界经济》2009年第7期,第27—40页。

贾俊雪、郭庆旺、赵旭杰:"地方政府支出行为的周期性特征及其制度根源",《管理世界》2012年第2期,第7—18页。

贾俊雪、宁静:"纵向财政治理结构与地方政府职能优化——基于省直管县财政体制改革的拟自然实验分析",《管理世界》2015年第1期,第7—17+187页。

江飞涛、耿强、吕大国、李晓萍:"地区竞争、体制扭曲与产能过剩的形成机理",《中国工业经济》2012年第6期,第44—56页。

孔东民、刘莎莎、王亚男:"市场竞争、产权与政府补贴",《经济研究》2013年第48(02)期,第55—67页。

匡小平、何灵:"税收计划:扬弃还是保留——兼论我国税收的超经济增长",《经济体制改革》2006年第1期,第79—83页。

雷根强、钱日帆:"土地财政对房地产开发投资与商品房销售价格的影响分析——来自中国地级市面板数据的经验证据",《财贸经济》2014年第10期,第5—16页。

李慧:"半强制分红政策对上市公司现金策略的影响研究",《上海经济研究》2013年第25(01)期,第56—63页。

李明、赵旭杰、冯强:"经济波动中的中国地方政府与企业税负:以企业所得税为例",《世界经济》2016年第39(11)期,第104—125页。

李振宇、王骏:"中央与地方教育财政事权与支出责任的划分研究",《清华大学教育研究》2019年第38(05)期,第35—43页。

李正旺、周靖:"产能过剩的形成与化解:自财税政策观察",《改革》2014年第5期,第106—115页。

梁云芳、高铁梅、贺书平:"房地产市场与国民经济协调发展的实证分析",《中国社会科学》2006年第3期,第74—84+205—206页。

林毅夫、巫和懋、邢亦青:"'潮涌现象'与产能过剩的形成机制",《经济研究》2010年第45(10)期,第4—19页。

林毅夫:"潮涌现象与发展中国家宏观经济理论的重新构建",《经济研究》2007年第1期,第126—131页。

刘海燕:"法定支出给县乡财政带来的困惑",《预算管理与会计》2009年第1期,第42—44页。

刘航、孙早:"城镇化动因扭曲与制造业产能过剩——基于2001—2012年中国省级面板数据的经验分析",《中国工业经济》2014年第11期,第5—17页。

刘骏、刘峰:"财政集权、政府控制与企业税负——来自中国的证据",《会计研究》2014年第1期,第21—27+94页。

刘民权、孙波:"商业地价形成机制、房地产泡沫及其治理",《金融研究》2009年第10期,第22—37页。

刘行、李小荣:"金字塔结构、税收负担与企业价值:基于地方国有企业的证据",《管理世界》2012年第8期,第91—105页。

卢大芳:"法定支出下县级财政之困及纾困思考",《经济研究参考》2016年第23期,第29—42页。

骆永民、翟晓霞:"中国税收自动稳定器功能的双重约束研究",《经济研究》2018年第53（07）期,第106—120页。

吕冰洋、郭庆旺:"中国税收高速增长的源泉:税收能力和税收努力框架下的解释",《中国社会科学》2011年第2期,第76—90+221—222页。

吕冰洋、马光荣、毛捷:"分税与税率:从政府到企业",《经济研究》2016年第51（07）期,第13—28页。

马蔡琛、孙利媛:"中国财政政策的顺周期性问题——基于预算平衡准则的实证考察",《经济与管理研究》2015年第36（04）期,第3—8页。

马海涛:"走出县乡财政困局",《中国财政》2004年第10期,第7—10页。

聂辉华、江艇、张雨潇、方明月:"我国僵尸企业的现状、原因与对策",《宏观经济管理》2016年第9期,第63—88页。

沈坤荣、钦晓双、孙成浩:"中国产能过剩的成因与测度",《产业经济评论》2012年第11（4）期，第1—26页。

石绍宾、尹振东、汤玉刚："财政分权、融资约束与税收政策周期性"，《经济研究》2019年第54（09）期，第90—105页。

宋凤轩、曹万鹏、谷彦芳："化解产能过剩背景下如何正确认识河北省财政增收问题"，《经济研究参考》2015年第63期，第4—7页。

孙天琦、杨岚、苗文龙："中国财政政策是否具有顺周期性"，《当代经济科学》2010年第32（03）期，第1—10+124页。

汤玉刚、苑程浩："不完全税权、政府竞争与税收增长"，《经济学（季刊）》2010年第10（01）期，第33—50页。

陶然、陆曦、苏福兵、汪晖："地区竞争格局演变下的中国转轨：财政激励和发展模式反思"，《经济研究》2009年第44（07）期，第21—33页。

田彬彬、陶冬杰、李文健："税收任务、策略性征管与企业实际税负"，《经济研究》2020年第55（08）期，第121—136页。

汪德华、李琼："'项目治国'与'突击花钱'"，《经济学（季刊）》2018年第17（04）期，第1427—1452页。

王余森："浅谈法定支出泛化不良影响及其改善"，《地方财政研究》2005年第8期，第26—27页。

王振宇、司亚伟、寇明风："国库暂付款、支出结构与地方财政预算执行进度"，《财贸经济》2020年第41（11）期，第5—19页。

王志刚："中国财政政策的反周期性效果：基于1978年以来的经验事实"，《财政研究》2010年第11期，第26—31页。

魏明海、柳建华："国企分红、治理因素与过度投资"，《管理世界》2007年第4期，第88—95页。

吴敏、刘畅、范子英："转移支付与地方政府支出规模膨胀——基于中国预算制度的一个实证解释"，《金融研究》2019年第3期，第

74—91页。

席鹏辉、梁若冰、谢贞发:"税收分成调整、财政压力与工业污染",《世界经济》2017年第40(10)期,第170—192页。

席鹏辉、周波:"经济波动、企业税负与环境规制——来自重点税源企业的证据",《经济学动态》2021年第6期,第68—82页。

谢德仁:"企业分红能力之理论研究",《会计研究》2013年第2期,第22—32+94页。

谢贞发、席鹏辉、黄思明:"中国式税收分成激励的产业效应——基于省以下增值税、营业税分成改革实践的研究",《财贸经济》2016年第6期,第18—34页。

徐滇庆、刘颖:《看懂中国产能过剩》,北京大学出版社2016年版。

徐现祥、梁剑雄:"经济增长目标的策略性调整",《经济研究》2014年第49(01)期,第27—40页。

许宪春、贾海、李皎、李俊波:"房地产经济对中国国民经济增长的作用研究",《中国社会科学》2015年第1期,第84—101+204页。

闫海:"论法定支出的中国特色及其治理",《地方财政研究》2014年第1期,第34—38页。

杨灿明:"减税降费:成效、问题与路径选择",《财贸经济》2017年第38(09)期,第5—17页。

杨国林、张阳凡、何凌:"新常态下地税部门税收收入计划模式研究",《经济研究参考》2017年第17期,第59—67页。

杨志勇:《现代财政制度探索:国家治理视角下的中国财税改革》,广东经济出版社2015年版。

尹恒、朱虹:"县级财政生产性支出偏向研究",《中国社会科学》2011年第1期,第88—101+222页。

余靖雯、陈晓光、龚六堂:"财政压力如何影响了县级政府公共服务供给?",《金融研究》2018年第1期,第18—35页。

余静文:"信贷约束、股利分红与企业预防性储蓄动机——来自中国A股上市公司的证据",《金融研究》2012年第10期,第97—110页。

余泳泽、刘大勇、龚宇:"过犹不及事缓则圆:地方经济增长目标约束与全要素生产率",《管理世界》2019年第35(07)期,第26—42+202页。

袁连生:"我国政府教育经费投入不足的原因与对策",《北京师范大学学报(社会科学版)》2009年第2期,第5—11页。

袁星侯:"论法定支出及其改进",《财政研究》2005年第5期,第43—45页。

岳昌君、丁小浩:"教育投资比例的国际比较",《教育研究》2003年第5期,第58—63页。

曾晓安、王志刚、胡祖铨:"中国财政政策:顺周期还是反周期?",《财政研究》2015年第11期,第2—9页。

张斌:"减税降费的理论维度、政策框架与现实选择",《财政研究》2019年第5期,第7—16+76页。

张日旭:"地方政府竞争引起的产能过剩问题研究",《经济与管理》2012年第26(11)期,第77—82页。

张馨:"论第三财政",《财政研究》2012年第8期,第2—6页。

赵文哲、杨继东:"地方政府财政缺口与土地出让方式——基于地方政府与国有企业互利行为的解释",《管理世界》2015年第4期,第11—24页。

郑文敏:"税收计划与依法治税的关系",《税务研究》2005年第5期,第55—59页。

中国财政科学研究院"降成本"课题组:《降成本:2017年的调查与分

析》，中国财政经济出版社2017年版。

周辰珣，孙英隽："政府主导模式下我国行业潮涌现象作用机制的实证研究"，《南方经济》2013年第5期，第49—56页。

周业樑、盛文军："转轨时期我国产能过剩的成因解析及政策选择"，《金融研究》2007年第2期，第183—190页。

左翔、殷醒民、潘孝挺："财政收入集权增加了基层政府公共服务支出吗？以河南省减免农业税为例"，《经济学（季刊）》2011年第10（04）期，第1349—1374页。